AF416455

LENGAJE CORPORAL

Cómo analizar a las personas y descifrar sus gestos y emociones, usar la inteligencia emocional para entender la comunicación no verbal y defenderse de las técnicas de manipulación

SAMUEL GOLEMAN

© **Copyright 2023 – Todos los derechos reservados**

Quedan prohibidos, dentro de los límites establecidos en la ley y bajo los apercibimientos legalmente previstos, la reproducción total o parcial de esta obra por cualquier medio o procedimiento, ya sea electrónico o mecánico, el tratamiento informático, el alquiler o cualquier otra forma de cesión de la obra sin la autorización previa y por escrito de los titulares del Copyright.

Aviso de exención de responsabilidad

Tenga en cuenta que la información contenida en este libro está destinada únicamente a fines educativos y de entretenimiento. Se ha hecho todo lo posible por presentar una información exacta, actual, fiable y completa. No se establece ni se implica ninguna garantía de ningún tipo. Los lectores reconocen que el autor no se dedica a proporcionar tratamientos medicales por no ser formado en medicina.

INTRODUCCIÓN

¿Cuántas veces alguien nos da una mala impresión sin siquiera haber cruzado palabra con nosotros? ¿Nos hemos encontrado diciendo que la cara de esa persona no nos gusta, solo por la impresión derivada de una fotografía? Probablemente esto no tenga que ver con que seamos malas o buenas personas en absoluto. Todo está en un complejo mecanismo de evolución y adaptación que hemos heredado de nuestros ancestros primates.

A diferencia del nuestro, en el mundo animal no existen los lenguajes verbales. Diseñamos una herramienta que nos permite comunicarnos con otras personas, por medio de un código lingüístico aprendido, que conocemos desde nuestra más tierna infancia. Aunque cambiemos de país, podemos seguir comunicándonos, si aprendemos un código que hablen más personas en otros países del mundo.

Pero el lenguaje corporal es una herramienta mucho más poderosa. Tanto, que nos puede abrir puertas en países con culturas tan alejadas de la nuestra, solamente con hacer un gesto. Nuestros parientes cercanos, los primates como los bonobos, chimpancés y gorilas, entre otros, se comunican sin necesidad de aprender nuestras lenguas. En el mundo pragmático de la naturaleza, el lenguaje es inútil para dirimir un conflicto.

A pesar de nuestra gran inteligencia, la evidencia más clara de nuestra torpeza, se demuestra en las estadísticas de violencia social. Si tuviéramos que dirimir nuestros conflictos por medio de la asertividad del lenguaje corporal, hoy no contaríamos por millones y millones los muertos a lo largo de infinidad de conflictos sucedidos a través de la historia humana.

Éste libro sobre el lenguaje corporal, quiere guiar al lector por medio de un mundo fascinante en que cada gesto, por insignificante que parezca, tiene una gran carga y un poder para resolver cualquier tipo de situación que se presenta en la vida cotidiana.

Por medio de la asimilación del conocimiento presentado aquí, es posible saber cómo y por qué se comporta alguien de la manera en que lo hace, qué gestos son los más seductores al momento de iniciar el cortejo; de qué manera es posible dirimir conflictos, negociar mejor, persuadir, resultar simpático o generar confianza en personas desconocidas.

Luego del viaje que le proponemos en este libro, a lo largo del fascinante mundo del lenguaje corporal humano, esperamos que usted pueda saber qué es lo que está transmitiendo cuando aprieta la mano de alguien que acaba de conocer, o de qué forma seducir a esa persona que cree que se siente atraída hacia usted.

Esperamos que disfrute conociendo la multiplicidad de significados del lenguaje corporal que se esconden tras cada gesto y movimiento que realizamos.

CAPÍTULO 1 : EL LENGUAJE DEL CUERPO

A- ¿Qué es el lenguaje corporal?

El lenguaje verbal es una de las formas de comunicación más eficientes, desde que hace más o menos veinte mil años, los primeros humanos descubrieron ese mecanismo de interacción. Sin embargo, mucho antes de que existiera el lenguaje verbal, el homo sapiens se comunicaba a través del cuerpo. Para detectar comportamientos de riesgo, tales como ataques de predadores o cualquier otra situación que pudiera representar un peligro inminente para los miembros de las comunidades primitivas, los seres humanos se comunicaban con señales no verbales.

Para poder mostrarse más poderoso que el resto de los primates, el hombre primitivo se veía obligado a usar las mismas herramientas de estos. Así, cuando había enfrentamientos entre grupos de homínidos, estos se golpeaban el pecho, aullaban y saltaban, pareciendo de ese modo, más grandes o poderosos que sus contendores; del mismo modo, cuando aparecía una jauría de grandes predadores como un tigre dientes de sable, usaba su cuerpo como una extensión de sus lanzas o amagaba con lanzar una piedra. Todos estos son ejemplos de lenguaje corporal primitivos.

El hombre primitivo entendió que el cuerpo era no solamente un instrumento para interactuar con el mundo, usando sus manos como arado o como cuchara o tenedor para llevarse los alimentos a la boca; también entendió que un gesto de su mano, una expresión de su rostro o un movimiento, podía dar a entender a otro miembro del grupo una idea o modo de sentir. Los pliegues del rostro, los ojos, las comisuras de los labios, el movimiento de las manos, las posiciones en que usamos los brazos o las piernas al sentarnos, son una especie de resquicio de aquel homínido del pasado que convive aun en nuestras maneras de relacionarnos con nuestro entorno.

En cada una de nuestras interacciones con los demás, estamos utilizando distintos medios no verbales, para expresar lo que sentimos. En el lenguaje verbal existe una especie de brecha que se abre para que el cuerpo pueda comunicar lo que la palabra no consiguió hacer de manera clara. Los expertos en comunicación indican que la forma en que movemos las manos, los brazos, la postura que asumimos y la mirada que hacemos, conforman una especie de código que comunica, a veces mucho más elocuentemente, que las palabras o las fórmulas verbales más sofisticadas.

Los gobernantes, presidentes, actores, socialités, líderes espirituales y personalidades que tienen visibilidad en los medios, saben la importancia de saber usar de manera inteligente su cuerpo para expresar elocuentemente lo que pretenden. Esa es una de las razones por las que el lenguaje corporal se ha convertido en una segunda forma de comunicarse sin la palabra.

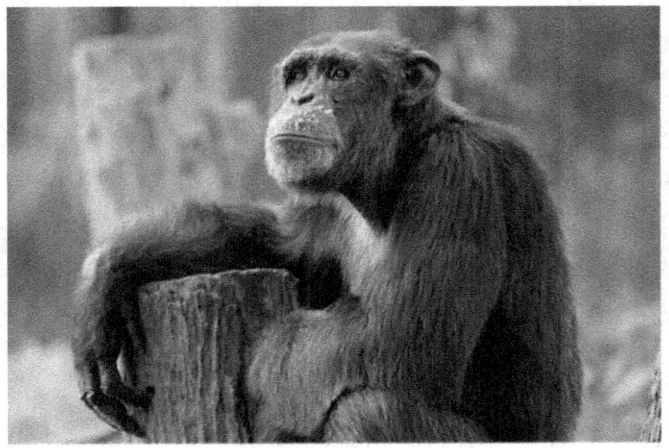

Ejemplar de chimpancé

Los rasgos de expresión no verbales son esenciales para la gran mayoría de los animales. Advertir mediante rasgos corporales, hacen parte de las estrategias esenciales para la supervivencia. Algunas especies suelen usar las partes de su cuerpo para poder lograr éxito en las principales actividades para garantizar su supervivencia y la de sus vástagos. De todas estas conductas es responsable el cerebro, que es el órgano de mayor complejidad en los mamíferos superiores, y que permite, en definitiva, que la labor de seguir vivo se cumpla en buena manera para las especies dominantes.

Las especies menores como las aves, por ejemplo, los pavos despliegan su abanico de colorido plumaje para impresionar a la hembra, y conseguir, de manera mucho más eficiente que los individuos menos dotados físicamente, la cópula, que garantizará que sean transmitidos sus genes a la generación siguiente. Los gorilas golpean sus pechos con fuerza para intimidar a los otros machos, así como los chimpancés, que suelen ser de lejos los primates más violentos, fuera de sus parientes lejanos, el homo sapiens.

Para nuestra especie, la inteligencia resulta un factor mucho más efectivo que el resto de las estrategias de supervivencia del resto de las especies. En esa medida, usar la gestualidad del cuerpo, las posturas y expresiones faciales, son cruciales para lograr una ventaja de tipo social y psicológico. Ninguna otra especie ha sido tan efectiva en este sentido, en la historia que la nuestra.

Los instrumentos con los que contamos para llevar una vida más o menos cómoda, son extensiones de nuestro cuerpo y órganos. El vestuario, los accesorios, los utensilios cotidianos que usamos en la cotidianidad, integran un todo que permite dejar una marca en la psicología ajena. Decimos usualmente que alguien nos ha dejado una buena impresión, para referirnos a las personas que han logrado dejar huella en nuestra memoria tras un encuentro.

El dominio y conocimiento de todos los secretos del lenguaje corporal, se convierten en factor de gran importancia para tener éxito en la mayor parte de las actividades sociales: establecer nuevas relaciones, interactuar con los otros, legar los genes a una nueva generación de descendientes, conseguir dominio sobre los demás, influir y ser más exitoso en la actividad a la que nos dedicamos, hacen parte en gran medida de cómo manejamos el lenguaje corporal.

En una época donde la interconexión virtual por medio de la Internet es vital, la primera impresión resulta ser algo fundamental. Por lo general, al escuchar por primera vez el nombre de una persona, nos dirigimos a hacer una búsqueda en los buscadores de la web y las redes sociales. ¿Qué buscamos aparte de su información personal, biografía, experiencia, edad, estatus social, etc.?

Por regla general, queremos saber cómo esa persona físicamente: ¿Cómo son sus ojos y su mirada? ¿Cómo se viste, habla, se mueve y qué clase de gestos corporales tiene? A diferencia de décadas o siglos atrás, hoy esto resulta posible a través de un ordenador o un teléfono móvil y sin que esa persona esté frente a nosotros. En Facebook, Instagram y YouTube, podemos ver una fotografía o un video donde analizamos cada gesto y movimiento que hace. Así, lo primero que hoy conocemos de los otros, es su lenguaje corporal.

B- La comunicación no verbal

Para poder comunicarse verbalmente, el homo sapiens, tuvo que pasar por largos procesos de adaptación y evolución de su cuerpo, a través de cerca de trescientos mil años. En principio, nuestra garganta no era sino la vía por la cual se consumía el alimento. La comunicación se limitaba a una primitiva gestualidad que expresaba el espectro de los sentimientos básicos: rabia, miedo, placer, ansiedad, vivacidad, etc. Así, nuestros antecesores adivinaban lo que querían decir sus congéneres. En la medida en que la especie logró ascender en la escala de la pirámide de la supervivencia, usando a su favor los fenómenos y objetos de su entorno, consiguió imponerse sobre el resto de las especies.

El fuego permitió que pudiera calentarse en las noches de frío, cocinar los alimentos y ahuyentar al resto de predadores que merodeaban alrededor de sus cuevas para poder subsistir. Una postura más erguida, a diferencia de la inicial, cuadrúpeda, que lo ponía al nivel del resto de las especies, fue una ventaja para lograr dominarlas. Aunque, en principio tuviera que usar su voz para dar un grito o proferir algún ruido gutural u onomatopeya con su garganta, para conjurar alguna situación riesgosa, sería su inteligencia lo que le permitiría conseguir avanzar a pasos agigantados sobre el resto de las especies de la Tierra.

Ilustración de una familia primitiva

Cuando el yugo del mundo brutal de la Naturaleza fue quedando atrás, empezaron a hacer aparición los primeros indicios del avance de la evolución de su garganta para comunicarse. La palabra hablada, inicialmente, fue el primer balbuceo que daría paso a la escritura, que se convirtió en un mecanismo mucho más complejo, un código para comunicar ideas al resto de miembros de la especie.

Cada cultura humana desarrolló un lenguaje verbal propio, pero para poder comunicarse con el resto, que no conocían la lengua o dialecto originario, quedaba espacio sólo de la comunicación sin la ayuda del verbo. Las señas o alegorías, usando las manos, la cara o el cuerpo, conseguían hacer que un extranjero entendiera la esencia del mensaje. La comunicación empezó a extenderse más allá de la articulación del lenguaje oral.

Nuestro cerebro primitivo está predispuesto a identificar los gestos del rostro, los movimientos de del cuerpo y las extremidades. Aunque no tengamos conciencia de ello, nuestro cuerpo está manifestándose en todo momento, a través de la comunicación no verbal.

Cada vez que hacemos un ademán o gesto como poner el dedo sobre los labios para indicar silencio, levantar la mano cuando alguien nos interrumpe durante una discusión, señalar a un niño o a una mascota, el lugar donde acaba de cometer una travesura, levantar una ceja, ajustar el nudo de la corbata, o en el caso de las mujeres, tocarse y juguetear con su pelo mientras está conversando con un hombre durante una cita, hay un gesto de comunicación no verbal evidente que está enviando mensajes al cerebro del interlocutor o del observador.

Incluso el más ligero pensamiento que tenemos o nuestro estado de ánimo, tiene un reflejo en la comunicación no verbal. Cuando alguien nos pregunta si estamos pasando por un mal momento en nuestras vidas, esto tiene una explicación lógica. Nuestra postura corporal, gestualidad, mirada y posición de las manos y las piernas, están comunicando un estado anímico que se refleja sin tener que expresar una sola palabra.

Esta es la razón por la que muchos expertos en etología y comportamiento animal, parecen conocer cada uno de los estados por los que está pasando. Cuando un lobo, por ejemplo, quiere marcar su territorio respecto a otro, muestra sus dientes en señal de advertencia. Le está diciendo: "No te acerques más si no quieres meterte en líos conmigo". Al orinar un perro en un lugar que le resulta favorito, esto no está determinado por un capricho: está marcando también su territorio por medio de las feromonas, indicando a los otros, que ese es el límite de sus linderos, para que no se acerquen.

En los seres humanos, mostrar una postura defensiva como el gesto de cruzar los brazos, es un indicador de que se está imponiendo un límite. Es una especie de advertencia, igual a la que hacen los caninos o los felinos cuando muestran sus dientes. Esto lo veremos más adelante, cuando estudiemos cada uno de los gestos que hacemos de forma inconsciente, en las situaciones normales de la vida cotidiana.

Si anduviéramos por el mundo teniendo conciencia de nuestros gestos de comunicación no verbal y de lenguaje corporal, no podríamos hacer muchas de las cosas que solemos hacer, pues este mecanismo de comunicación, se ha ido perfeccionando a lo largo de milenios de interacción con otras especies y con la nuestra. La comunicación no verbal, demuestra qué tan cerca estamos del resto de los integrantes del reino animal y hasta qué punto nuestra naturaleza ligada a los primates, tiene una gran importancia en qué hacemos y el por qué.

El lenguaje verbal, hizo que pasara a un segundo plano el no verbal. A partir de la evolución de nuestros órganos encargados, inicialmente, de hacer ruidos guturales como las onomatopeyas para expresar la cercanía de un depredador de gran tamaño, se comenzó a dejar atrás la gestualidad y la expresión corporal como forma de comunicarse, limitándose al lenguaje meramente verbal. Pero siempre hay en nosotros un remanente de aquella forma primitiva, que resultaba también bastante efectiva para conseguir sobrevivir en un ambiente hostil.

En una sociedad con mayores garantías de ver el día siguiente, ya que no tenemos que vérnoslas con grandes animales que ponen en riesgo nuestra supervivencia, ni con otros grupos rivales que vendrán a combatir por conseguir las comodidades, la comunicación no verbal es poco estimada. Por el contrario, consideramos que expresarnos lo más correctamente posible por medio de las palabras, es una garantía de ser más civilizados.

Detrás del discurso más elaborado que escuchemos, hay siempre un remanente de no comunicación no verbal. Incluso al escuchar la voz de alguien, hay una serie de rasgos, como manías, muletillas, que indican la necesidad de expresarse por medio de los gestos o el cuerpo. La comunicación no verbal es una especie de yugo que arrastramos, como si fuera nuestro lastre biológico, del primate que empezó a comunicarse a través del código del lenguaje escrito y no de los gestos y movimientos corporales.

Algunos estudiosos de la comunicación no verbal, como el profesor Albert Mehrabian, de la Universidad de California, estiman que hasta un 55% de nuestra comunicación transmite información por medio del lenguaje no verbal. Esto hace que sea altamente efectiva, sobre todo para conseguir acercarnos a los demás y transmitirles nuestras ideas, ganándonos su confianza simplemente con un gesto simple. Por eso se dice, popularmente, que una sonrisa siempre resulta ser un arma mucho más poderosa que el mejor discurso

CAPÍTULO 2 :
ENTENDIENDO LOS
RASGOS DEL PRIMATE

A- Los rasgos primates en nuestro lenguaje corporal

Aunque estamos habituados a considerarnos más inteligentes que el resto de las especies animales, e incluso, cuando queremos insultar a alguien lo llamamos "primate" o "primitivo" —palabras con el mismo origen—, en el fondo de nuestro cerebro seguimos teniendo vivo a ese ancestro que andaba en cuatro patas, irguiéndose eventualmente para demostrar que es más grande que el resto y conseguir así, mucho más fácilmente, recursos vitales, y, desde luego, poder legar sus genes por medio de la reproducción sexual.

Como no somos capaces de poder conseguir solos el dominio sobre los otros, al comienzo, usamos nuestra inteligencia para diseñar armas que nos ponían al mismo nivel de los ejemplares más poderosos, equiparando las fuerzas; ésta invención maquiavélica, permitía así mismo, controlar a más de un ejemplar de nuestra especie y de otras, que podían llegar a amenazar nuestra supervivencia. Pero la evolución de nuestra corteza cerebral, nos llevaría a considerar que es mucho más importante usar la razón y el discurso sobre la violencia y la fuerza bruta que ofrecen las armas.

Nuestros ancestros primates tenían presente que, para poder dirimir las diferencias, tenían solamente dos opciones: por medio de la negociación o por medio del combate. La segunda opción, a veces, daba como resultado la eliminación del otro. Los bonobos, son una especie de primates que han logrado resolver de una manera muy eficiente este asunto. Dirimen sus diferencias por medio del sexo en lugar de la violencia. Esto les ha garantizado poder mantenerse socialmente muy fuertes, dado que es la hembra, a diferencia de otras especies de primates como los gorilas o los violentos chimpancés, la que ejerce las veces de alfa sobre el resto de la manada.

Los seres humanos actuales, tenemos dos caras, que nos hacen sentirnos identificados con el mundo de los primates: la violencia y la brutalidad del chimpancé y la sosegada sexualidad del bonobo. En el mundo animal, en la medida en que los cerebros se hacen más grandes, esto es garantía de mucha mayor empatía y menor crueldad. Animales como los reptiles, tienen un cerebro mucho menos grande y desarrollado, que, por ejemplo, un elefante o un ser humano. Esto hace que resulten mucho más eficientes a la hora de dejar de lado la piedad o la empatía. De cualquier manera, esto no significa que la estupidez humana nos lleve, aun en pleno siglo veintiuno y a pesar de grandes avances en la ciencia para la mejora del bienestar humano, a desatar guerras que cuestan miles de vidas humanas.

Tenemos muchos más rasgos de primates de lo que pensamos. Igual que éstos, necesitamos relacionarnos con otros, crear comunidades, aunque hoy sean virtuales. Es preciso escuchar la voz del otro, leer sus opiniones, ver qué hacen, aunque sea por medio de una pantalla y a miles de quilómetros de distancia. Ni los primates, ni nosotros, podríamos sobrevivir totalmente solos durante mucho tiempo. La empatía, ha resultado algo esencial para poder evolucionar y sobrevivir en un mundo hostil.

Las hembras mamíferas, han sido las encargadas de gestar, alimentar, proteger y levantar a sus crías durante millones de años. Este rasgo de empatía, ha hecho que la protección de los más débiles, es decir, las crías, se convierta en algo que ha permitido que podamos prevalecer por encima de otras especies que han desaparecido. Además de permitir la descendencia y la transmisión de genes a una nueva generación, la reproducción sexual crea un lazo de empatía con el sexo opuesto, lo que permite que la expectativa de vida y su calidad mejore ostensiblemente.

Las respuestas ante los estímulos empáticos de los primates, principalmente de los bonobos, ha resultado desconcertante para la ciencia. Tanto los bonobos como los chimpancés, hacen parte del conocido en primatología como género Pan. Estas dos especies son los parientes vivos que mayor proximidad tienen con el Homo sapiens.

Hace casi cien años, en 1928, un anatomista alemán llamado Ernst Schwarz, descubrió ésta especie de primates, mientras hacía estudios tomando como base un cráneo que estaba en el Museo de Tervueren, de Bélgica, y que se había clasificado erróneamente como perteneciente a un joven ejemplar de chimpancé (que en la clasificación se conoce científicamente como Pan troglodytes). Sería solo hasta 1933, que el anatomista estadounidense Harold Coolidge, consideró que el bonobo era una nueva especie de primate.

Ejemplares de bonobos

Aunque tenemos la idea que los gestos de cortesía y de trato social común, son parte de nuestro cerebro civilizado, puede parecer sorprendente que los primates tengan códigos de comunicación no verbal para manifestar empatía o aceptación social para sus pares. Luego de una ausencia prolongada, es habitual entre los seres humanos darse un largo abrazo y estrecharse lo más cerca posible con esa persona que se ha extrañado durante un tiempo prolongado en la distancia. Uno de los rasgos que pueden parecer sorprendentemente humanos en los primates, tiene qué ver con darse besos y abrazos luego de estar separados.

Analizando el comportamiento de los primates en cautiverio y en libertad, muchos investigadores han encontrado gestos que son socialmente correctos, si los comparamos con nuestros hábitos respecto a otras personas. Besar a miembros cercanos del grupo o recorrer la distancia que separa a dos primates para despedirse, cuando uno se aleja, son comportamientos que no podríamos decir que son animales.

Para aparearse, los primates tienen códigos estrictos de aceptación y rechazo. Por lo general, el macho más fuerte y apto, es quien tiene la mayor oportunidad de hacer que sus genes pasen a la siguiente generación, respecto al resto. Respecto a la identificación de otros ejemplares, los chimpancés puestos a prueba, identifican qué rostros les son familiares y cuáles no. La mirada es otro factor de gran importancia para los primates. Los seres humanos estamos habituados a señalar, usando los dedos de nuestras manos, principalmente el índice, que es el más largo y sirve a manera de puntero, para señalar a distancia algo a otra persona.

Los chimpancés en cautiverio, suelen llamar la atención de sus cuidadores mirándolos fijamente a sus ojos. Una vez que han conseguido que haya contacto visual, entonces alzan la mirada por encima de su cabeza para indicar, por ejemplo, si quieren un tipo de fruta que se les lanza desde lo alto del foso donde se encuentran viviendo. Estos patrones de inteligencia nos muestran que los primates tienen mucho más en común con nosotros de lo que pensamos.

Nuestro cerebro está dividido en tres partes: básico-reptiliano, límbico-mamífero y humano-neocórtex. En la medida en que nos hemos alejado de nuestro entorno natural original, hemos empezado a dejar atrás los dos primeros para enfocarnos en el cerebro cortical. Nos hemos convertido en animales tan racionales, que olvidamos que también respondemos a impulsos, como el resto de las especies del planeta.

En cada uno de nuestros gestos hay rasgos inconscientes que provienen de nuestros parientes primates, aunque pensemos que, por tener una civilización basada en la razón y la ciencia, eso nos ha alejado de nuestra esencia primate. Desde nuestra manera de mirar, tocarnos, abrazar, cortejar, pelear, saludar, hasta nuestra postura corporal y expresiones faciales en determinados momentos, estamos siempre volviendo a actualizar los rasgos de la herencia primate que yace en lo profundo de nuestros genes y de la que no nos podemos desprender, por más que lo queramos y pretendamos ser racionales.

B- Rasgos biológicos de poder

Las jerarquías son algo muy importante para los primates, porque definen los roles dentro de las manadas. De esos rasgos de poder de nuestros ancestros primates hemos heredado los que marcan las diferencias de jerarquía en nuestra vida social. Las manos constituyen una de las principales herramientas para los seres humanos. Con ellas, no solo entramos en relación con nuestro entorno, sino que también las usamos para comunicarnos de manera no verbal con los demás. Los primates como gorilas y chimpancés, suelen demostrar su fuerza y jerarquía con gestos que resultan elocuentes como son los golpes en el pecho con sus poderosos puños, son una advertencia clara: "no te metas conmigo: soy fuerte y poderoso". Este gesto es similar al que hacen muchas personas durante una confrontación: darse golpes en el pecho, alzando el mentón para parecer más grande respecto al contrincante[1].

De esa manera elocuente, los primates y sus herederos biológicos, los seres humanos, demuestran su fuerza viril y la cantidad de testosterona. Los gorilas golpeándose el pecho exhiben su estatura y dimensiones. Gesto que hemos tomado para intimidar a los demás durante una disputa, donde tiene primacía la fuerza física individual.

Por esta razón, la altura en la mayoría de las especies, resulta en un capital de poder muy importante. Los cánidos suelen erizar el lomo para dar la impresión de mayor volumen y talla corporal; los pavorreales y otras aves, exhiben su plumaje o yerguen las de su cabeza para demostrar más altura respecto a los otros, llamando de esa manera la atención de las hembras y ahuyentando a los machos orbitadores. En los seres humanos, las manos resultan ser las principales armas para demostrar el poder.

El saludo más común que tenemos entre seres humanos es el apretón de manos. En un principio, dicho gesto surgió en la forma de una muestra de confianza con el otro, mostrándole la palma de la mano para que se diera cuenta

---

[1] Chest beats as an honest signal of body size in male mountain gorillas (Gorilla beringei beringei). www.nature.com/ https://www.nature.com/articles/s41598-021-86261-8

que no llevaba consigo un arma que podía clavarla por la espalda en ese momento de debilidad. Entonces se estrechaban las manos para cerrar ese pacto de confianza con un desconocido. De igual manera, los cánidos, como los lobos y sus descendientes los perros, suelen mostrar sus gargantas al macho alfa durante una confrontación, demostrando así con ese rasgo, una total sumisión respecto a quien es superior en materia de fuerza.

El gesto de saludar apretando las manos tras mostrar las palmas vacías, es un rasgo distintivo de confianza en el otro

Aunque no nos percatamos de ello, aun conservamos rasgos de dominación con ese gesto de primer contacto social, a veces, apretando fuertemente y de manera poco diplomática la mano. Esto es considerado como señal de mala educación, en una sociedad donde se supone que ha avanzado lo suficiente nuestro córtex cerebral y no tendría mucho sentido intimidar con la fuerza bruta a alguien que acabamos de conocer. Estos rasgos inconscientes demuestran hasta dónde llega la herencia genética de poder de nuestros ancestros primates.

Entre los chimpancés, que son, de lejos, la especie de primates de mayor crueldad y violencia, las disputas de poder en las manadas suelen dirimirse de maneras poco diplomáticas. Al igual que entre los círculos de poder humanos se pactan alianzas para mantener el respaldo a un individuo que se muestra como el líder, entre los chimpancés se dan asociaciones para garantizar el ascenso de un individuo al interior del grupo. Cuando un espécimen se muestra dispuesto a conseguir el liderazgo absoluto, tras bastidores hay otro que está alerta para tomar partido, según le convenga a su posición social.

La primatología es una rama de la biología que, a través de la observación de los comportamientos de los primates, permite entender mejor por qué hacen lo que hacen. Algunos estudiosos, como el neerlandés Frans de Waal o el británico Desmond Morris, han intentado desentrañar los complejos y fascinantes comportamientos de los primates para entender la esencia de los nuestros. De Waal cuenta como en un grupo de primates en un zoológico, existía una disputa por el poder. El más joven de ellos, carecía de habilidades para imponerse de una manera menos diplomática que por la fuerza bruta de su poderoso cuerpo. Otro primate le hacía la segunda, apoyándolo en las peleas que tenía el joven ejemplar en contra de otro, quien quitaba los recursos y amenazaba con quedarse con el favor de las hembras de la manada. Este, para Frans de Waal, fue quizá el principal detonador de aquella lucha intestina entre chimpancés.

Aunque creamos que somos suficientemente racionales para evitar disputarnos el poder de la manera sangrienta y cruel de los chimpancés, los seres humanos solemos ser mucho más crueles, ya que nuestro poder se muestra de maneras más sutiles, pero no menos destructivas y dañinas. Al igual que sucede en las grandes corporaciones, gobiernos, sociedades o cualquier otro tipo de agrupación gregaria entre seres humanos, siempre existen tensiones por la consecución del poder, que al final, terminará resultando en una jerarquía sexual, se mire por donde se mire.

Según relata el primatólogo Frans de Waal[2], los dos primates más jóvenes estaban frustrados por la estrategia maquiavélica del más viejo de todos, y, por tanto, con mucha mayor experiencia para la persuasión sin tener que llegar a usar la fuerza. Cuando alguna hembra mostraba interés por uno de los machos betas que le hacían competencia, el chimpancé más viejo, se entrometía, ya fuera separando al macho de la hembra o uniéndosele para convertirse en competencia directa.

El desenlace, como pasa en muchas novelas y películas de intriga de poder, fue que el chimpancé más adulto, que era el que pretendía quedarse con el poder al interior de la manada, fue emboscado brutalmente por los dos más jóvenes, quienes terminaron por amputarles sus gónadas. Esto nos recuerda el final trágico de las disputas de muchos asuntos pasionales humanos por el poder sexual, que, en el fondo, no es otra cosa que el poder más ansiado por los machos, pues deriva en garantizar la jerarquía social, además de garantizar el legado genético de su linaje.

---

[2] Frans de Waal. El mono que llevamos dentro. Cap 2: Poder. Maquiavelo en nuestra sangre

CAPÍTULO 3 : LOS GESTOS SILENCIOSOS Y SU SIGNIFICADO

A- La gestualidad inconsciente

Por regla general, no solemos ser muy conscientes de nuestros gestos. Solo cuando nos vemos confrontados con ellos, por ejemplo, al mostrársenos un video o una foto en la que aparecemos, tomamos conciencia del poder de nuestro lenguaje corporal. En la mayoría de las culturas del mundo, existen códigos que hacen que el lenguaje no verbal sea más o menos contenido respecto de otras.

Para los habitantes de América Latina, muchos europeos o asiáticos, resultan antipáticos debido a que, en sus culturas, la gestualidad habitual es más controlada, comparada con la extroversión de los habitantes del Trópico. No es casualidad que, para los estadounidenses, europeos y asiáticos, los latinoamericanos sean considerados como los maestros a nivel mundial en materia de baile. De ahí se deriva la idea ampliamente difundida en la cultura popular del *latin lover*, el amante perfecto con todos los rasgos de fogoso temperamento de la cultura latina.

Aprender a conocer el lenguaje corporal y los gestos silenciosos de la comunicación no verbal, es algo que intriga a los psicólogos, biólogos y etólogos. Para los expertos, la relación existente entre nuestra gestualidad silenciosa, es decir, del tándem cuerpo-rostro y la explicitud de la comunicación verbal propiamente dicha, es la clave para desentrañar las claves del significado de lo que queremos realmente decir y no lo que aparentamos que decimos.

Una entrevista es la manera más eficiente de conocer a una persona. No porque queramos ver su aspecto físico, aunque esto también resulta decisivo para que nos llevemos una impresión buena o mala, sino, sobre todo, por la manera en que su gestualidad complementa a su verbalidad. Si una persona dice algo, pero sus gestos no van en la misma dirección, entonces, existe una mayor probabilidad de que esté mintiendo.

Cuando una persona le dice a su pareja que la ama, pero en sus gestos se adivina un ceño fruncido, una mirada que evita el contacto con los ojos de la otra persona, además de que sus fosas nasales están ensanchadas, agitadas por la respiración entrecortada, las probabilidades de que esté mintiendo son bastante probables. Si, por el contrario, el rostro de su pareja se encuentra iluminado por una sonrisa, sus ojos están brillantes y abiertos, además que su mirada es fija en el rostro de la otra persona, esa declaración de amor, es probable que sea veraz y no una mera estrategia para engañar.

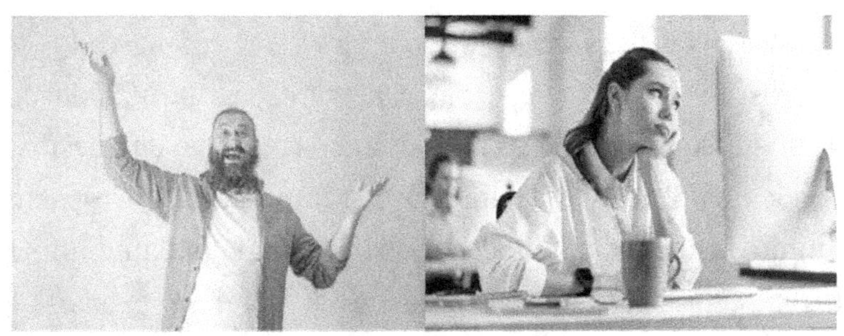

Dos tipos de expresiones faciales reveladoras:
empatía, felicidad (izq); tedio, molestia (der).

Los gestos faciales y la postura corporal son señales reveladoras. El espacio personal es algo que solemos cuidar y mantener lejos de éste a los otros, como un mecanismo de supervivencia. Al ver reducido el espacio que tenemos para movernos, cuando interactuamos con un extraño, nos sentimos incómodos; es usual durante una pelea, por ejemplo, que el agresor se acerque cercándonos para intimidar, evitando así que tengamos mayor capacidad de movilidad, de igual manera que en el mundo natural hacen los predadores con sus presas para capturarlas.

No resulta descabellado que este aspecto vital, tanto para nuestra especie como para el resto, haya sido usada como caballo de batalla para justificar cualquier tipo de decisión política por parte de los dictadores que garantizaban el espacio vital para manipular de ese modo los ánimos. De igual manera, las puertas, muros, vallados, fronteras y trincheras, hacen una suerte de demarcación artificial para garantizar este espacio de movimiento vital que nos ofrece seguridad respecto al mundo exterior y a la influencia de los otros.

El espacio que va desde los 5 centímetros hasta los 2 metros de distancia respecto a nosotros, es la medida de intimidad que ofrecemos a los extraños respecto de nuestros conocidos de mayor confianza. La comodidad del espacio íntimo de nuestra privacidad, que tiene como máximo límite los 5 centímetros, está destinado a parejas sexuales y familiares de mayor confianza como los hermanos y padres; de los 5 centímetros a los 20, están las personas conocidas como amigos y familiares no tan cercanos; a partir de los 20 centímetros hasta los 2 metros, es la media para tener un acercamiento con extraños y personas recién conocidas: de hecho, durante una cita de carácter romántico-sexual, si una persona sobrepasa dicho límite, es posible que termine por arruinarse la cita, ya que la situación se vuelve incómoda cuando no existe una atracción sexual auténtica.

En la vida cotidiana, usamos diferentes gestos, tanto consciente como inconscientemente. A su vez, cada uno de estos gestos, tiene una función específica relacionada con su intención. Podríamos definirlos como actos reflejos que realizamos ante el espejo o en cualquier situación. Parpadear o protegernos la cara cuando salpica aceite caliente en la cocina, son actos reflejos que ocupan el 5% de todos los que hacemos durante el día, que no tienen intención específica; por otra parte, existen gestos intencionados, que pueden o no tener una función determinada, que son restos de nuestros comportamientos primates o del sistema reptil.

Los investigadores Ekman y Friesen, definieron una serie de movimientos de acuerdo a su función y su interpretación dentro del lenguaje no verbal de cuerpo y que se clasifican en cinco grupos:

1- Emblemas

Estos son actos de lenguaje corporal que tienen una equivalencia verbal determinada, incluso que van más allá de la cultura originaria. Resultan efectivas debido a su escasa ambivalencia y su significado concreto. El dedo índice y el pulgar figurando una pistola, significa en muchas culturas la autoeliminación; del mismo modo en Japón, la señal de dos manos juntas sosteniendo un arma que atraviesa el abdomen, es sinónimo del máximo autosacrificio ritual cuando se ha perdido el honor: el seppuku o harakiri.

También existen gestos positivos como el gesto de "OK" levantando los tres dedos: el meñique, el anular y el corazón, formando un circulo con el índice y el pulgar, significa que todo está en orden o muy bien. Sin embargo, en algunas regiones de la península ibérica, esto puede querer decir lo contrario, es decir, que las cosas no van muy bien; de igual manera en algunas zonas populares de Sudamérica, la península italiana y Turquía, puede significar una alusión al homoerotismo, representando el ano.

 *El gesto "OK"*

2- Ilustradores

Estos gestos, tal como lo indica su nombre, hacen énfasis en el discurso verbal, sirviendo como una especie de línea inferior para subrayarlo por medio de los gestos corporales. Son una sincronización entre lo verbal y lo corporal. De la misma manera que un director de orquesta hace gestos con su batuta frente a los músicos, estos gestos acentúan lo que pretendemos comunicar, usando por lo general, las manos.

En algunos casos, estos gestos ya están incorporados a la cultura, por lo que el hablante no es consciente del mismo. Así pasa con la cultura italiana, que ha influido a la argentina, en virtud de las olas migratorias hacia el país sudamericano, donde existen diferentes gestos ilustradores que se hacen con las manos.

Por ejemplo, el célebre gesto del "montoncito" que se hace juntando todos los dedos de la mano e invirtiéndolos, moviendo la mano de arriba abajo, que en Italia quiere decir:

"Ma che vuoi" o "Qué querés", y que, en Argentina, explícitamente tiene el significado inequívoco: "¿Qué te pasa?" o "Pero, ¿qué decís?", para expresar indignación, molestia o contradicción con el interlocutor.

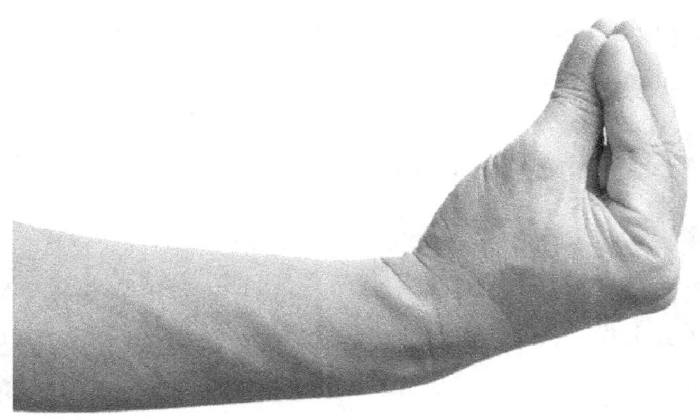

"montoncito" popular en Argentina e Italia

3- Reguladores

Como su nombre lo indica, estos gestos permiten mantener la interacción con el interlocutor, mientras se sostiene la comunicación, regulándola de acuerdo al ritmo de la misma. Entre los principales ejemplos de los gestos reguladores, están: extender la mano al interlocutor para estrecharla; levantar el dedo índice para hacer una pausa y solicitar la palabra; mover la cabeza afirmativa o negativamente para enfatizar el discurso del interlocutor.

4- Adaptadores

Se entienden por gestos adaptadores, aquellos que tienen relación con nuestro propio espacio corporal respecto del interlocutor. Estos suelen ser los típicos durante una situación tensionante o estresante: ajustarse la corbata, en los hombres o acomodarse varias veces el cabello en las mujeres; tocarse la cara, las manos o limpiarse la nariz o tocarse la comisura de los labios, hacen que la tensión se aminore y el cerebro pueda tomar control de la situación concentrándose en lo que se está diciendo o escuchando al interlocutor.

5- Gestos de afecto

Están estrechamente relacionados con el comportamiento que heredamos de los primates. Estos gestos, demuestran los lazos emocionales que se tienen con la persona de mayor confianza e intimidad. Son usuales entre parejas para demostrarse su cariño, tal como hacen los primates en la manada con sus parejas sexuales. Entre estos gestos, se encuentran: acariciar la cabeza o tocar el cabello del otro; limpiar su rostro o tomarle sus manos para calentarlas; acercar el rostro para rozar y liberar de ese modo hormonas sexuales y reforzar el vínculo afectivo.

Tipos de gestos: reguladores, adaptadores
(primera línea) y de afecto (segunda línea)

Siempre estamos produciendo este tipo de gestos, aunque no seamos conscientes de ello. Esto suele ser evidente cuando, durante una conversación por teléfono, solemos interrumpir a quien está hablando. Aunque podemos pensar que culpa de la mala educación, no es así: nuestro cerebro está predispuesto siempre a leer los gestos de manera automática e inconsciente, y por esta razón, ante la ausencia de evidencias visuales de gestualidad, nuestro cerebro tiende a improvisar estos gestos haciendo pausas; incluso, y esto puede parecernos absurdo, solemos accionar con nuestras manos y rostro, aunque no estemos con esa persona en el mismo cuarto. Es el resultado de la poderosa influencia de los rasgos genéticos heredados, que determinan dichos comportamientos en la interacción social con los demás.

B- El movimiento de las manos y su significado

Las manos son nuestra principal herramienta para comunicarnos y realizar labores simples y complejas. Un pianista virtuoso se vale de sus manos y los dedos para tocar una obra compleja, del mismo modo que un trabajador que levanta una casa, las usa para clavar un clavo en una pared usando un martillo con precisión, evitando no lastimarse, así como un cirujano las usa para tomar el instrumento y realizar una compleja operación para sanar a un paciente. Sin las manos, estaríamos esperando evolucionar respecto al resto de las especies; las manos nos ofrecen una de las más grandes ventajas del reino animal.

Las manos tienen la capacidad de comunicar, junto con los gestos corporales. Por eso, no es extraño que el ser humano haya encontrado la manera de hacer que las personas con discapacidad auditiva y del habla, puedan comunicarse a través de un lenguaje que se hace básicamente con las manos, los gestos y el cuerpo. Ninguna otra especie es capaz de ese nivel de complejidad como el ser humano.

Desde la Edad Media, evitar el contacto con la piel fue esencial para el desarrollo de las célebres e incómodas armaduras; ya en la modernidad, los chalecos antibalas o los carros blindados, por ejemplo, son muestras del pavor que tenemos de exponer nuestros cuerpos al contacto físico directo con los otros.

Los gestos hechos con las manos pueden tener muchos contextos y significados que van desde el saludo a distancia, agitando las manos, tomar el rostro del ser amado para acercarlo a nuestros labios, hasta el ligero golpe en la espalda para darle nuestro respaldo de manera física a alguien que se lo merece por hacerlo bien o por reconfortarlo durante un momento difícil en su vida, como puede ser un duelo.

En el mundo oriental se suelen usar las manos como una especie de alfabeto para representar diferentes estados del espíritu. En el hinduismo y el budismo de India, los mudras, son gestos y movimientos hechos por los creyentes, con sus manos y dedos, que permiten, según su filosofía, alcanzar un estado avanzado de conciencia. Para esta doctrina espiritual, los mudras, son una especie de danza que se realiza con las manos y los dedos, ya sea durante las sesiones de introspección espiritual del yoga o en las danzas consagradas a los diferentes dioses del panteón hindú, cada uno con un significado espiritual especial y que traen armonía al mundo en la medida en que se realizan con fe y veneración.

Tipos de mudras

El contacto físico está relacionado con las jerarquías sociales. En países donde aún existen monarquías, no le es permitido a nadie tocar a un monarca, pues esto significa una grave falta de respeto. En gran parte esto tiene qué ver con la liberación de oxitocina que se produce cuando hay contacto físico. La piel, además, es el órgano del cuerpo con mayor extensión, además de tener muchas conexiones nerviosas que la hacen vulnerable a los cambios de temperatura, presión y lesiones por contacto con objetos.

Usar las manos como fronteras invisibles, suele ser común al observar cordones de seguridad cuando hay una celebridad o personalidad poderosa. Exponer la palma frente al rostro de quien se acerca para hacer contacto físico, es una manera de advertir por medio del lenguaje corporal:

"no te acerques más". Del mismo modo, tomar a alguien por los hombros o los antebrazos, es una manera de tener control de una forma diplomática, sin llegar a ser violento. Por lo general quien tiene mayor estatus, es quien toma con sus manos al otro de los hombros o los antebrazos.

C- El lenguaje silencioso del cuerpo

La esencia del lenguaje corporal tiene qué ver con la manera en que nuestro cerebro interpreta los códigos que son comunicados por medio de los gestos y la expresión corporal. La cinética es la forma a través de la que se transmiten ideas o sensaciones por medio de los movimientos corporales.

El término Cinética viene de kinetos, palabra griega que significa movimiento. Como su nombre lo indica, tiene qué ver con el alfabeto silencioso del cuerpo. La simple presencia del cuerpo y lo que transmite, la mayoría de las veces, resulta suficiente para establecer una comunicación silenciosa con los otros. Según investigadores como Birdwhistell, no venimos con un código de fábrica, que nos permite comunicarnos, sino que lo vamos aprendiendo socialmente, a lo largo de nuestras etapas vitales.

Gestos como arquear las cejas o dilatar las ventanas de las fosas nasales, aunque pueden parecer algo espontaneo, se van copiando y mejorando, en la medida en que interactuamos con los demás. Los gestos naturales de un bebé, serían como los esbozos que se hacen en un tablero para elaborar una fórmula matemática: en la medida en que se aprenden de los otros, se van haciendo más y más complejos, hasta que se crea un lenguaje propio con ellos.

El crecimiento del cabello y la línea que define nuestro rostro, así como el tamaño de las orejas, la forma de la mandíbula y los dientes, el tamaño y forma de los huesos, van conformando una expresión que para cada persona es similar a una huella dactilar: no existen rasgos ni posturas idénticas en dos personas en el mundo.

Lo que el antropólogo estadounidense Ray Birdwhistell llama paralenguaje a un sistema estructural de símbolos significantes [3], que nos permite a los seres humanos, organizar de manera coherente lo que queremos comunicar a los otros. Fuera del lenguaje verbal propiamente dicho, los seres humanos contamos con un abanico de formas de comunicación, como son los bostezos, inflexiones del habla y la voz, expresiones con las cejas, las comisuras de los labios, etc.

En la semiótica de la comunicación, intervienen una serie de factores que están distantes de la mera expresión vocal o el lenguaje articulado. Los gestos mencionados, la postura y la manera en que usamos nuestras manos o extremidades, se convierten en una especie de alfabeto que los demás aprenden a interpretar de una manera inequívoca. Este es un terreno que está vedado al lenguaje, aunque pensemos que resulta tan complejo como para decirlo todo. Siempre existe un margen donde la comunicación retorna a los estadios originales que los seres humanos primitivos, de decenas de

---

[3] Birdwhistell. Kinesics and context essays on body motion communication. Pp 95.

miles de años atrás, también usaban para poder interactuar en la ausencia del código lingüístico que constituyen los lenguajes hablados.

De la pluralidad de gestos y expresiones del cuerpo, surge una unidad comunicacional que cada uno de los participantes de la comunicación, tiene que interpretar, de acuerdo a los códigos que ha asimilado de su cultura. Es por esta razón que no significan lo mismo los gestos y expresiones hechas con el cuerpo, en una cultura que en otra. Siempre se está lidiando con los significados, que, aunque parezcan semejantes, guardan una gran diferencia.

En la liturgia católica, por ejemplo, se usan los cinco dedos abiertos al momento de realizar la señal de la cruz; estos cinco dedos representan las cinco heridas infligidas a Jesucristo en su pasión. Este gesto se hace trazando una cruz con la mano, empezando por la frente, el esternón y el estómago, para la vertical y luego, trazando una línea horizontal, de hombro a hombro, de izquierda a derecha. Dicha dirección tiene que ver con que los justos están a la derecha y los condenados a la izquierda de Dios. En la liturgia ortodoxa, se lleva primero una mano al hombro derecho y luego al izquierdo, esperando de esa manera, ser señalado por Dios dentro del grupo de los salvados y estar exento de ser marcado como uno de los condenados.

En todo caso, no se puede limitar el lenguaje a una serie de significados semióticos dentro de un marco comunicacional definido, puesto que la multiplicidad y complejidad del lenguaje corporal, siempre tiene muchas más polivalencias que las que se pueden desglosar de su análisis semiótico, es decir, puramente simbólico. La verbalidad resulta un complemento de la corporalidad como manifestación del lenguaje humano.

CAPÍTULO 4 : EL DISCURSO Y EL CUERPO

A- Como nuestro cuerpo influye en el discurso

Al observar un político dando un discurso o un actor durante su interpretación, es posible observar todos los significados simbólicos que está dando de manera no explícita por medio de su corporalidad. En ambos casos, si dejamos de lado el discurso verbal, lo que subyace a éste tiene un significado quizás mucho más profundo, pues lo que se transmite por medio de los gestos y posturas, es totalmente inconsciente. En la medida en que avanza la representación que efectúa el político o el actor, podemos ver una serie de elementos que se expresan en forma de movimientos: empáticos, receptivos, aproximativos, cálidos, violentos, vehementes, etc. Los recursos corporales permiten todo un abanico de matices para expresar un discurso sin necesidad de valerse del bastón de las palabras.

La posición que asumimos para establecer una comunicación con alguien, siempre expresa una totalidad de expresiones no explícitas, aunque parezca que no se está expresando nada o se permanezca en un mutismo absoluto. Las microexpresiones que atraviesan nuestro rostro y se manifiestan por medio de la postura corporal, quieren decir algo. La gestualidad se acompaña de una serie de expresiones verbales, trabajando una al lado de la otra para englobar un discurso o una idea general.

Uno de los casos más conocidos de cómo se usó el discurso del lenguaje del cuerpo para conseguir el favor de las masas, tiene qué ver con el canciller de Alemania Adolf Hitler, quien logró el poder político gracias a un constante entrenamiento de sus expresiones corporales durante sus discursos.

La posición que adoptaba el cuerpo de Hitler durante sus discursos, resultaba de gran importancia para transmitir lo que quería. La cabeza, por ejemplo, era un rasgo distintivo de su personalidad. Su pelo negro y peinado siempre de medio lado, engominado, daba un carácter de disciplina y de férrea autoridad. Su bigote, era una especie de trazo sobre su boca que resultaba inconfundible. El movimiento de sus manos y sus brazos durante sus discursos, fascinaba y llevaba a un estado de electrizante emoción a los alemanes que acudían a escucharlo. Su voz también era otro rasgo fundamental que transmitía lo que el pueblo, desmoralizado por las consecuencias de la primera guerra mundial, querían escuchar de parte de un líder. Cuando daba un discurso, generalmente, Hitler solía aplacar sus cabellos que se rebelaban, con la palma de la mano mirando hacia dentro, retomando el control de sus emociones luego de hablar ante miles de personas. Dentro del lenguaje corporal, tocarse el pelo es un signo para llamar la atención. Todos estos gestos de representación, eran minuciosamente estudiados ante un espejo, que el caudillo como si fuera un actor de método, realizaba siempre previamente para conseguir su deseado efecto teatral ante el público.

Cuando emitimos un discurso verbal, nuestro cuerpo está ahí para afirmar o desmentir lo que expresamos. Mover la cabeza en una dirección o en otra, significa que nuestro discurso hace un acento positivo, cuando se afirma balanceándola de arriba abajo o en negativo, haciéndolo de lado a lado. Llevarse las manos a la cabeza o tocarse la cara, son gestos que demuestran estupor o duda, cuando se pone la palma de la mano bajo el mentón, o sarcasmo, cuando se sostiene la cabeza con ambas manos. Los acentos que hace la frente y su amplia línea de expresiones, son útiles para conocer qué es lo que está diciendo el cuerpo en relación al discurso verbal.

Durante una entrevista o cuando conocemos a alguien nuevo por primera vez, hay una serie de gestos que expresan de manera subconsciente lo que pensamos. Luego de la presentación, solemos extender la mano para estrechar la de la persona que nos acaban de presentar. Si estamos en una actitud de timidez, nuestro cuerpo suele expresar ese sentimiento: alzando los hombros, intentando ocultar la cabeza dentro del tronco. Si nuestra personalidad es dominante, entonces proyectaremos el pecho hacia delante, del mismo modo que nuestra cabeza, alzando la frente, para dar la impresión de dominancia y poder.

Los políticos, líderes espirituales, ejecutivos de ventas y actores, son algunas de las personas que más conocen el poder que tiene el lenguaje corporal, tanto como el verbal y suelen enfatizar en las palabras que tienen un verbo o un sustantivo que impacta en el oído de los demás. "Tenemos que ejecutar ese proyecto", marcando en el plural del verbo tener y acentuando con sus manos, señalando algo concreto con el dedo índice y con las piernas ligeramente separadas en paralelo, es algo que proyecta una sensación de deber, de responsabilidad y de tomar las riendas. Un líder se caracteriza por proyectar su estatus y su ascendencia sobre los otros, a través de sus gestos, palabras, tono de voz y postura.

Los militares suelen mantener su postura de espalda recta y hombros horizontales, junto con el mentón y la frente erguidas y el pecho siempre proyectado hacia adelante, para que los subalternos sientan que hay alguien que tiene el control. Un comandante de un pelotón no podría tener una postura encorvada, de espaldas cargadas, con las piernas abiertas y la cabeza gacha: dicha postura, en absoluto, inspiraría ningún tipo de sumisión por parte de los soldados.

Por esta razón, el ejercicio que realizaba Hitler, y que realizan muchos líderes políticos para mejorar su carisma, es el mismo que los actores, líderes religiosos y personalidades mediáticas hacen ante un espejo, o, en nuestros días, una cámara de un computador o un teléfono celular. Esto permite observar en detalle la manera en la que acompañamos nuestro discurso, matizamos nuestra voz y acentuamos lo que decimos, a través del lenguaje corporal, sin tener que recurrir a otra persona.

Aspirar antes de hablar y proyectar el pecho, haciendo que la espalda forme un ángulo recto con el mentón, suele ser la posición de influencia o de dominio, usada por las profesiones que hemos mencionado anteriormente. De hecho, también, los cantantes de ópera la asumen para que su voz y gestualidad se proyecten hasta el último puesto del escenario. Dentro del ámbito operístico suele hablarse de la "presencia escénica" de los grandes cantantes.

Durante las ceremonias de entronización de emperadores o coronación de monarcas, suelen darse gestos donde las palabras están acentuadas por los movimientos y posturas de las manos y piernas. En toda la multiplicidad y riqueza del lenguaje humano y sus rituales, podemos percibir la importancia que tiene el lenguaje corporal para subrayar la idea o hacer que los símbolos queden grabados en la memoria de los demás.

B- La persuasión corporal

No solo por medio del lenguaje, sino también del cuerpo, podemos conseguir ser persuasivos. Una de las grandes ventajas que tiene la comunicación corporal, tiene que ver con que se puede hacer a distancia. Lo que dice de nosotros el cuerpo al realizar una acción, es tan importante como nuestra firma al ponerla sobre un papel para un experto en grafología. Si caminamos de una manera lenta y sin garbo, con los brazos ondulantes, colgando de un lado para otro igual que los de una marioneta, dando pasos demasiado cortos o muy largos y exagerados, comunicarán en quienes nos observan, un determinado carácter.

El saludo militar, por ejemplo, evita el contacto físico, dado que existe una gran brecha entre los rangos que debe ser respetada en virtud de las rígidas normas del régimen.

Este es un modo de mantener una disuasión en lo que tiene que ver con la cercanía entre un subalterno y un superior. Los líderes políticos, también, suelen mirar directamente a los ojos de su interlocutor cuando están en una cumbre o reunión de estado, por lo general, como se vio anteriormente en los rasgos de poder, sosteniendo el antebrazo de quien saluda con una mano mientras da un apretón de manos enérgico y decidido.

A diferencia de las expresiones verbales, en los gestos corporales y su lenguaje, no quedan nunca espacios a dudas: somos elocuentes. Este es un rasgo que heredamos de nuestros ancestros que, en un momento dado dejaron de andar en cuatro patas como los primates, que se erguían de vez en cuando para recoger frutos del bosque, decidiendo ir en dos patas, elevándose por encima de la línea de visión del resto de especies. En el momento en que nuestros ancestros se pusieron de pie, la mirada respecto a los otros, pasó de ser horizontal y paralela, y se volvió vertical, es decir, desde la perspectiva de mayor altura hacia abajo, donde estaban el resto de especies de ese entorno natural.

En la medida en que nos hemos sofisticado más, usando nuestro córtex cerebral y no la región más primitiva reptiliana, para dirimir las diferencias, los métodos de persuasión que antes tenían más éxito, como la fuerza física y la resistencia, han pasado a un segundo plano como una opción poco humana y mucho más violenta para poder persuadir. Las principales razones en el mundo animal que hay para entrar en un conflicto o pelea, tiene qué ver con la jerarquía dentro de un grupo o para hacer valer el derecho que se ha ganado a un territorio. Aun hoy, y a pesar de tener en nuestras espaldas un largo historial de avances humanísticos, artísticos, religiosos, culturales y políticos, con una baraja de recursos en tecnología tales como automóviles eléctricos, teléfonos celulares, viajes al espacio e Internet, la mayor parte de los conflictos, tanto a nivel individual como colectivo, se relacionan de manera casi directa con esos dos aspectos primitivos.

Durante el siglo dieciocho y diecinueve, se creía que la forma en la que estaba conformada el cráneo, tenía que ver con las cualidades y deficiencias intelectuales de una persona. A esa teoría se le llamó frenología. Se consideraba que las personas con una frente más estrecha que otras, que la tenían mucho más amplia, eran menos inteligentes o incluso podían ser catalogados como locos o criminales. Luego, con el paso del tiempo, se avanzó en esta materia, llegándose a la conclusión que era pseudociencia, es decir, que la frenología no tenía ningún asidero científico. Este ejemplo, tiene qué ver con la forma en la que podemos persuadir a través del lenguaje corporal.

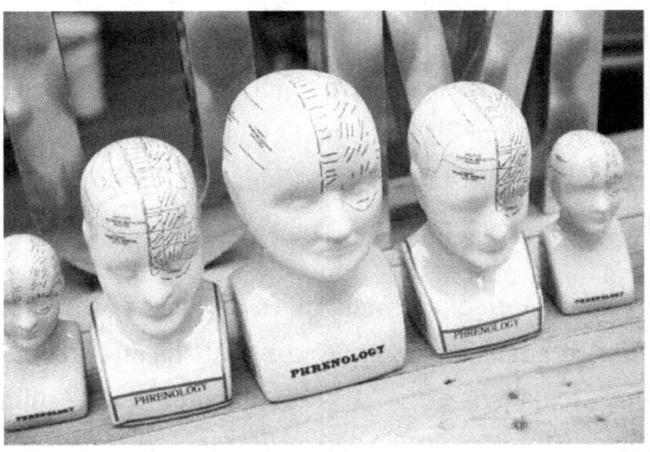

Ilustración de la concepción científica de frenología del siglo XIX

Así como se pensaba que la forma del cráneo definía la inteligencia, el cuerpo y su aspecto no tienen qué ver con la persuasión que se pueda ejercer sobre los demás. Napoleón Bonaparte, quien empezó su carrera como militar en las legiones de Francia, logró convertirse en emperador y en uno de los hombres más influyentes en las esferas de la sociedad de su tiempo. Su carácter en gran medida no dependió de su estatura, sino de sus estrategias para ejercer la persuasión por medio de su presencia física y sus habilidades sociales. A pesar de su estatura promedio, se dice en las crónicas de su tiempo, que Napoleón nunca se sentía inferior delante de los militares de mayor imponencia física: tenía una expresión corporal que irradiaba poder y seguridad, lo que hacía que todos le obedecieran.

La manera en que nos movemos dice mucho a los demás de quiénes somos y por qué hacemos lo que hacemos y nos comportamos de la manera en que nos comportamos. Flora Davis, relata cómo, durante un estudio hecho en un hospital psiquiátrico, una doctora del equipo revisó junto a la escritora una serie de películas registradas en las cámaras de seguridad de la institución mental. En la cinta, se podía apreciar la manera, bastante particular, que tenía uno de los pacientes que se estaba en la oficina en donde el médico confrontaba al paciente.

En la toma, que era muda, pues no tenía posibilidad de registrar con micrófono lo que se escuchaba en el recinto, el paciente tenía una serie de movimientos que resultaban bastante característicos, respecto a una persona corriente. En su forma de caminar, en los movimientos que normalmente suele hacer cualquier persona de manera inconsciente, se podía observar, cuenta la autora, de qué manera arrastraba los pies de una forma peculiar, de forma cuidadosa, casi meticulosa y alternando el peso corporal entre un pie y otro.

igualmente, el lenguaje corporal al sentarse, era muy particular: las piernas paralelas y los brazos que parecían las de una marioneta que colgaban a los costados. Este tipo de expresión verbal, según dice la escritora, es muy común entre los esquizofrénicos. El gesto motor, es uno de los principales indicadores para esta patología psiquiátrica, aunque puede variar dependiendo del diagnóstico, por lo que pueden resultar correlativos[4].

Nuestros cuerpos, aunque estén en un estado de reposo, siempre están comunicando algo, de manera subrepticia. Los movimientos y posiciones del cuerpo tienen una representación en la psique del individuo; muestran cómo se siente y qué está proyectando a su entorno. Cuando alguien cruza los brazos durante una interacción con otra persona, está delimitando su espacio corporal íntimo, le está diciendo, con sus gestos, sin proferir ni una sola palabra: "no te acerques más: mi cuerpo es mi espacio personal y privado y no estás invitado a tocarme porque no te conozco o no me caes bien".

Todos los movimientos están reflejando un estado de tensión o de relajación. Cuando vemos a un pianista clásico tensar su cuerpo y extender sus brazos, poniendo las manos sobre el teclado, su mente está totalmente concentrada en el

---

[4] La comunicación no verbal. Flora Davis. Pp 183. Alianza Editorial.

proceso de interpretación. Un jugador de fútbol, cuando está caminando por la cancha mientras el balón está del otro lado, balanceando los brazos al compás del ritmo de sus pasos, está relajado.

De la misma manera el cuerpo persuade cuando hay dos enamorados que se miran fijamente mientras acercan sus caras, uno al otro, tocándose las manos o en tensión para darse un beso; puede verse el caso contrario, cuando una chica que está en una fiesta, conoce a un pretendiente, que no le gusta mucho: por lo general, ella intentará mantener su distancia para que su cuerpo no toque el del chico; éste por su parte, intentará llamar su atención sonriendo, mirándola de tanto en tanto, sin que ella se percate que lo está haciendo. Todos estos son gestos de persuasión corporal, que están transmitiendo, comunicando, reportando la relación que existe entre el estado de ánimo, la verbalidad y el lenguaje corporal.

C- ¿Qué es la proxémica y cómo aplicarla en la vida cotidiana?

Fue en el siglo XX cuando el avance en el estudio del comportamiento empezó a explicar cómo nos relacionamos en entornos sociales. Como descendientes de los primates, estamos determinados por la vida gregaria: no podemos prescindir de relacionarnos con otros en nuestra cotidianidad. Esto determina en gran medida la manera en que nos comportamos, nuestros gestos, y, sobre todo, la forma en que nos acercamos a los otros. De esto va la proxémica. Para las manadas de chimpancés, bonobos y gorilas, el territorio es esencial para poder moverse, interactuar y sentirse protegidos de las amenazas que vienen desde el exterior de esa frontera. En el mundo natural el territorio es un valor que tiene una gran importancia. Por esta razón la mayoría de animales marcan la zona vital para advertir al resto que se acerquen. Muchos suelen marcar su terreno orinando, permitiendo que, con esta marca química de olor, los intrusos decidan alejarse.

La demarcación del espacio y el territorio, sigue siendo, a pesar del avance de nuestras sociedades, en un tema complejo e importante. La proxémica estudia la distancia respecto a los demás, con relación a la cultura de cada uno. Fue introducida en el mundo académico por Edward Hall en los años sesentas. Para algunas culturas milenarias como las orientales respetar el espacio personal es algo que se integra en los ritos, y en general, en la vida cotidiana.

El típico saludo japonés, ojigi, que se realiza haciendo una ligera inclinación de reverencia con la cabeza y el tronco como muestra de respeto, es el ejemplo perfecto de la sofisticación de un gesto proxémico. De esta forma diplomática, la cultura japonesa ha conseguido ser amable al tiempo que no existe ningún tipo de contacto físico, pues en esta sociedad es mal visto hacer uso de muestras de afecto muy expresivas, a las que estamos habituados en nuestra cultura occidental, como abrazar o dar un beso en la mejilla.

Típico saludo japonés ojigi con una ligera reverencia

El contacto físico con personas que apenas conocemos, suele resultar muy incómodo. La punga por nuestro espacio privado, es común en todas las culturas; es esa la razón por la que se han creado códigos, algunos más explícitos que otros. Tomar distancia es una de las primeras cosas que aprendemos en la educación elemental.

La medida de nuestro brazo extendido, es la manera de mantener el espacio privado a salvo. Las delimitaciones de espacios como vallados, cercas, alambradas, fronteras, puertas, muros y toda clase de elementos divisorios, son formas de crear distancia para mantener una medida de seguridad a nuestro alrededor.

Prácticamente todos los animales son recelosos de la distancia íntima. Por eso, los mayores nos enseñan cuando somos niños a mantenernos alejados de perros y gatos que no nos conocen, pues al intentar tocarlos, estamos rompiendo la barrera de su espacio íntimo: al mostrar sus dientes afilados, nos están diciendo que tomemos distancia, pues necesitan espacio para reaccionar en caso de que se vean amenazados. Del mismo modo, cuando recién conocemos a alguien, luego de saludar a esa persona extraña, dándole la mano, solemos mantener un espacio prudencial respecto al suyo.

Al espacio personal individual, se le suele llamar "burbuja privada", pues es como si lleváramos con nosotros una suerte de espacio portátil invisible a todo lado, y ante su menor indicio de ser violado, solemos reaccionar de una forma poco amable, mirando con cara de pocos amigos a quien nos empuja o nos roza en una situación, de hecho, ya bastante incómoda, como la de tomar el transporte público mientras esperamos en una estación atiborrada de personas. Es por esa razón que, en los aviones o trenes, existe una zona reservada a clientes de primera categoría, en la que cada pasajero tiene mucho más espacio personal que no tiene que compartir con otros desconocidos.

La circunstancia de mantener a raya a extraños, se acentúa en situaciones extremas, como la vivida en el mundo durante la pasada pandemia de Covid-19. Una de las principales recomendaciones en ese contexto de emergencia sanitaria global, tenía que ver justamente con la proxémica en una situación extrema. ¿Cómo seguir siendo empáticos y amables para interactuar socialmente, sin poder estrechar la mano en los países occidentales?

El gesto común a prácticamente todas las culturas del planeta durante milenios, de mostrar las manos al extraño para garantizarle que no llevamos un arma, cerrando el pacto de confianza al estrecharse ambos sus manos, libres y desnudas, había desaparecido de un día para otro. Entrechocar ligeramente los nudillos embozados en guantes de látex o tocarse con los codos el antebrazo, se convirtió en una inusual manera proxémica de cortesía en medio de una pandemia global generada por un agente biológico potencialmente mortal.

Pandemia de Covid-19: las medidas de bioseguridad cambiaron los gestos del lenguaje corporal

Demarcar el espacio personal es algo que está grabado a fuego en nuestra especie. El saludo íntimo más común, en algunas culturas de la mayoría de países occidentales, consiste en darse un beso en la mejilla cuando se trata del sexo opuesto, y en ocasiones, dar un abrazo efusivo entre hombres; sin embargo, en algunas culturas como pueden ser la mediterránea italiana o la argentina, que tiene una gran influencia de la primera, el saludo de beso en la mejilla, es también usual. Esta ruptura del espacio personal, es uno de los rasgos claves de la proxémica.

Cuando se ha traspasado el trato íntimo con alguien que ya hace parte de nuestro círculo personal, se suele ampliar el espacio personal de cercanía que se tiene con los extraños. El espacio corporal que comprende la proxémica, implica un factor de interrelación con los otros, al tiempo que es una fuente de conflictos: nadie quiere que se transgreda el espacio íntimo, pero el llamado espacio público, resulta demasiado amplio para poder integrarse con el otro en una congregación, reunión o evento de carácter mucho más privado.

Uno de los ejemplos más corrientes dentro de la cultura occidental, tiene qué ver con las celebraciones religiosas. En esta ocasión, varias decenas de personas se reúnen en un templo para acudir a escuchar a un sacerdote. Durante toda la ceremonia, existe un espacio personal determinado por el espacio que hay entre cada uno de los asistentes.

Sin embargo, cuando llega el momento de darse el llamado "saludo de paz", se interactúa en el espacio íntimo por unos breves instantes. Es un momento incómodo, tal como se manifiesta en el lenguaje corporal de los asistentes, pues estrechamos la mano de un desconocido que se acerca a nuestro espacio íntimo.

D- Distancias en la proxémica

La proxémica comprende cuatro zonas bien definidas de espacios entre las personas, a saber:

Zona íntima: es la zona destinada a las personas cercanas, amigos y pareja sexual. Comprende entre los 15 hasta los 45 centímetros. Es quizá el espacio que se guarda con mayor celo, pues determina la mayor proximidad y tiene relación directa con el erotismo y la afectividad más profunda.

Zona personal: va desde los 45 centímetros hasta 1.2 metros aproximadamente. Es la zona que se destina al trato cercano cotidiano social que se puede medir extendiendo el brazo. Es el espacio que se mantiene durante una conversación cotidiana en un restaurante, un bar o en las zonas comunes.

Zona social: comprende desde 1.2 hasta 3.5 metros. Es una zona de comodidad y seguridad, pues permite mantener una distancia considerable con un completo extraño, guardando un espacio prudencial de reacción instintiva, en caso de que se viera vulnerado.

Zona pública: comprende de los 3.5 metros hacia adelante. Es el espacio de mayor distancia posible con otra persona, por lo que la interacción resulta prácticamente inexistente. La invasión de dicho espacio, de manera abrupta y sin advertencia, al acercarse demasiado, puede generar conflictos por el instinto de conservación.

CAPÍTULO 5 : COMUNICARSE CON LAS EXPRESIONES FACIALES

A- ¿Qué esconden las expresiones faciales?: el lenguaje de los ojos y la mirada

Es probable que una de las formas de comunicación corporal más efectivas que existen en el mundo natural, tiene qué ver con las expresiones faciales, es decir, la mirada y los ojos. Las especies suelen usar sus ojos y su mirada, como una manera efectiva de comunicarse, de advertir peligro, cortejar, asediar a su presa o retar a un contendor que pretende irrumpir en su territorio.

El poder de la mirada y de los ojos, aunque no lo tenemos presente, resulta ser efectivo para determinar las jerarquías entre los primates. Pese a que hemos avanzado biológicamente varias leguas, desde que nuestros ancestros se enfrentaban a otras especies o grupos de especies humanas, sigue siendo decisivo como rasgo de imposición.

Una situación que lo plasma de manera explícita, por la que todos hemos pasado, es la de encontrarse en cualquier lugar y cruzar la mirada con un extraño. Algunas veces, este intercambio de miradas suele ser pasajero; el extraño nos mira y lo miramos, pero cada uno sigue su camino. Resulta una alerta para nuestro instinto cuando el extraño clava su mirada en nosotros, de manera fija e intensa.

¿Qué es lo más común que haría cualquier persona? ¿Evadirla mirando para otro lado o sostenerla hasta que el extraño la desvíe? En caso de que no suceda esto último, nuestras alarmas instintivas se encenderán para prepararse frente a dos escenarios posibles: la huida o la lucha.

Al respecto, los primatólogos han estudiado el comportamiento de los grandes simios en este escenario de intimidación corporal a través de la mirada. Al tener al primate en un espacio controlado, observándolo por los barrotes de la jaula, si se acercaba a éste sin mirarlo directamente a los ojos, agachando la mirada, los primates no mostraban ningún tipo de reacción.

Por el contrario, cuando el científico se acercaba a la jaula mirándolo directamente a los ojos, tal como en el ejemplo con el extraño en la calle, el mono se mostraba inquieto, pasando de la indiferencia a la agresividad, mostrando luego los incisivos como muestra de que estaba dispuesto a responder al desafío.

Sentir que estamos siendo observados es una de las sensaciones más incómodas que se pueden experimentar. Aunque no se puede explicar de qué manera sucede, lo único cierto es que sabemos cuándo sucede; nuestro instinto nos dice que tenemos un par de ojos encima que se clavan como dardos en nosotros.

Estudios realizados en primates en cautiverio, ha demostrado que, si se los observaba desde un punto oculto, es decir, sin que supieran que un ser humano los estaba mirando en ese momento, los animales se mostraban apáticos, con signos de depresión que eran visibles en las ondas encefalográficas.

¿Por qué nos resulta tan intimidante una simple mirada? Aunque es un órgano que permanece fijo en el rostro, los ojos son muy elocuentes en cuanto a expresividad se refiere. Posiblemente esa sea la razón por la cual, a lo largo de milenios, se les ha otorgado un aura de misterio y de poder más allá de lo tangible. Alrededor del mundo, leyendas y mitologías populares, achacaban al supuesto "mal de ojo" el hecho de que la sola mirada de alguien pudiera desencadenar una suerte de males y desgracias en quien era observado.

Ya durante la época del Antiguo Egipto, se usaban talismanes para alejar la influencia maligna que las entidades sobrenaturales hacían recaer sobre una persona, por ejemplo, por medio de la protección del Ojo de Horus. En algunas culturas como la de Turquía, aun hoy en día, es posible ver en las tiendas callejeras, los llamados nazares, que son amuletos que contrarrestarían la influencia en la víctima para deshacerse del mal de ojo.

El poder escrutador de la mirada es motivo de acciones de tipo legal en algunos países. Si un hombre se queda mirando a una mujer, en los Estados Unidos o Europa, es posible que pueda ser reconvenido por un oficial de policía, so pena de ser acusado de acoso sexual. La mirada fija a una figura de autoridad, está prohibida en los países donde todavía impera la monarquía: mirar directamente a los ojos de un monarca en Reino Unido o al emperador en Japón, es algo que no se permite bajo ningún motivo.

Por medio de su mirada intimidante
un gorila puede persuadir a los otros

Cuando estamos expuestos a una confrontación, al igual que los primates, los seres humanos aguzamos la mirada, arrugando el entrecejo y arrugando los párpados para poder tener mucho mejor enfoque de nuestro contendor. Con una mirada, los gorilas y chimpancés, persuaden a los otros al momento en que se va a desencadenar una pelea.

En la mirada y sus formas, hay un matiz que habla a los otros de manera, tanto implícita como explícita. Las expresiones son elocuentes al respecto: "lo miró por encima del hombro", "me miró con asco", "me estaba viendo con carita de perro regañado", "deja de mirarme así", "qué me miras", "me mató con la mirada", "mírame cuando te estoy hablando" etc. Una de las principales maneras de hablarse entre dos personas que se tienen mucha confianza, es por medio de la mirada. El marco que contiene al ojo, las cejas, las pestañas y los párpados, es capaz de expresarse de manera elocuente junto con la capacidad del mismo órgano para contraerse o no cuando se liberan testosterona y adrenalina, durante una sensación intensa, lo que hace que la pupila se dilate para captar mejor la luz.

Cuando hay un estallido de rabia, las pupilas pasan de estar en estado de apertura, a cerrarse, dando la impresión de que el iris es mucho más pequeño, al contrario de un estado de excitación o de éxtasis, durante una velada romántica o mientras se tiene sexo. El cerebro durante su máximo estado de trabajo, hace que se dilate la pupila; se contrae en caso contrario, cuando se prepara para protegerse o está por ceder ante el agotamiento, como en los momentos previos a irse a dormir.

Los instintos esenciales del ser humano, como son el sexual y el de conservación, se relacionan directamente con el tamaño de la pupila y la expresión de los ojos. Cuando se observa a alguien que nos gusta, la pupila se dilata, pues hay una irrigación de sangre a todos los órganos del cuerpo, principalmente los sexuales. Del mismo modo, cuando alguien nos agrede y lanza el primer puñetazo o nos empuja, de inmediato el cerebro entra en modo de supervivencia, dilatando las pupilas para poder estar atento ante cualquier agresión por parte del contendor.

Mirar hacia otro lado, para evitar el contacto visual con alguien o mantenernos fijos, sin parpadear, son dos caras de la misma moneda cuando alguien nos gusta o nos repele.

Ver de reojo a alguien, indica, en algunos casos una forma de desprecio implícita; otras, es una forma de ver a alguien que nos gusta, pero guardando las formas sociales: ambas son formas diplomáticas de decir que no soportamos a alguien o que nos gusta, pero no queremos decírselo de forma expresa girando nuestra cabeza.

Guiñar el ojo, es una manera de coquetear sin tener que decir una sola palabra. En sentido opuesto, señalarse el ojo mirando a otra persona fijamente, quiere decir que está bajo nuestra mirada, que no nos fiamos y que nos parece una persona de cuidado. Hoy en día, con la llegada de la tecnología móvil a nuestras vidas, no existe mayor forma de desprecio que ignorar a alguien que nos habla teniendo fija la mirada en la pantalla del teléfono.

El lenguaje de la mirada y las expresiones faciales relacionadas a esta, son innumerables. Podría ocupar varios tomos de una enciclopedia, pues ha avanzado con nosotros a lo largo de milenios, desde que éramos primates que nos empezamos a erguir para buscar alimento en los árboles, aguzando la mirada, hasta nuestros días, donde miramos a través de un microscopio o nos vemos reflejados en la lente de una cámara.

B- Expresiones faciales que imponen respeto

Es probable que, durante nuestra vida, hemos conocido personas que imponen su jerarquía por encima de los otros. En la época de la escuela secundaria o bachillerato, como se llama en algunos países, de seguro que nos topamos con aquel abusador que solía imponerse por encima de los otros chicos, golpeándolos, amenazándolos, quitándoles la merienda o, simplemente, infundiendo temor como manera de ganarse el respeto, además de fortalecer su frágil autoestima. El bullying, como es conocido hoy en día, suele manifestarse de muchas maneras, no solamente físicas, sino de otro tipo mucho más sutil.

La manera en la que por medio de los gestos del rostro podemos proyectar jerarquía por encima de los demás, es una de las más fascinantes áreas del lenguaje corporal. Quienes suelen imponerse por sobre los otros, ven el mundo de la misma forma que un boxeador o un luchador: como un espacio para dirimir qué persona es superior o más fuerte. Quien manifiesta este comportamiento agresivo, está dispuesto a llevar a las últimas consecuencias su condición alfa, dejando al resto por debajo.

Este tipo de personalidades necesitan demostrarles a los otros que tienen siempre el control. Muestran una serie de gestualidad particular, que denota su aire de superioridad, pero, sobre todo, su autosuficiencia y sensación de valía personal, incluso, de megalomanía. Dentro de muchas compañías exitosas es usual encontrarlos, ocupando espacios de poder como ejecutivos de cuenta, jefes de áreas, y, claro, CEOS, es decir, directores corporativos.

Mucho se ha escrito sobre cuál es el secreto del éxito para alcanzar la cima. Algunos autores como Napoleón Hill, afirman que la actitud es algo clave para persuadir a los otros y, por tanto, conseguir ascender en la pirámide social. Parte de la actitud tiene qué ver con la gestualidad y la expresión de nuestro rostro. El rostro es lo primero que los demás ven de nosotros. Un aspecto poco cuidado, con el cabello desordenado y una gran barba sin arreglar durante varias semanas, ofrece un aspecto feroz, semejante al de un náufrago o alguien que acaba de salir de la jungla luego de estar perdido.

Existen innumerables rostros que se acaban convirtiendo en la imagen de un producto o una compañía. El coronel Sanders, por ejemplo, es el ícono de la cadena de restaurantes KFC en todo el mundo. El cuáquero del tarro de avena, fue durante muchas décadas, el emblema del desayuno de miles de familias en Estados Unidos.

Sonreír, estimula las neuronas espejo de las personas con las que interactuamos. Esto es una herencia biológica de los mamíferos, entre los que se encuentran los primates, nuestros ancestros, así como nosotros mismos, el homo sapiens.

Para persuadir imponiendo autoridad o jerarquía, no es preciso fruncir el ceño y arrugar el entrecejo. Muchos psicólogos, así como expertos en imagen personal y mercadotecnia, afirman que sonreír hace que nuestro interlocutor muestre afinidad y empatía por nosotros. Un gesto adusto y poco amigable, en lugar de producir afinidad, hace que las personas se alejen instintivamente, pues es una especie de signo que ahuyenta. No es una buena estrategia para ganar confianza.

Mantener la mirada fija en el interlocutor, como se ha visto anteriormente en otro capítulo, intimida en lugar de hacer que ganemos confianza. Los ojos deben encontrarse cuando se quiere enfatizar una afirmación o cuando se transgrede el espacio de la zona íntima para imponer jerarquía por medio de la mirada, una mandíbula firme y una ligera sonrisa que se afirma con un movimiento de cabeza afirmativo.

Los grandes líderes políticos suelen usar estos códigos gestuales para parecer más empáticos y amables. Durante la conferencia de Yalta, en la Segunda Guerra Mundial, los líderes de las principales potencias del mundo para ese momento: Churchill, primer ministro del Reino Unido, Franklin D. Roosevelt, presidente de Estados Unidos y Josef Stalin, máximo líder de la Rusia Soviética, se reunieron para decidir el futuro del mundo. Analistas en lenguaje corporal, se han percatado que los tres líderes en todo momento permanecieron sonrientes, amables y optimistas, intentando agradar a la prensa mundial a cada instante. ¿Por qué no asumieron una gestualidad fría, distante e inexpresiva? Su intención era mostrar que eran líderes empáticos. Parecía que estaban luchando, cada cual, por ser más agradable que los demás.

En el campo de batalla del ámbito laboral, social o académico, no es posible darse golpes de pecho y lanzar aullidos como hacen los primates en las montañas de África. La corteza cerebral, ha hecho que nos volvamos más sofisticados a la hora de mostrar la jerarquía. Los momentos de tensión de una junta o una reunión importante, suelen estar teñidos de sonrisas nerviosas, miradas que van y vienen, corbatas que se ajustan y mujeres que arreglan su cabello, tocándoselo a cada instante.

Al momento de demostrar autoridad, quien ostenta el mayor rango de jerarquía se muestra totalmente calmado. Apenas mira a todos, pero al mismo tiempo ha hecho un barrido por cada rostro. Se mantiene incólume, apenas parece que respira y parpadea. Su total control de la situación tiene qué ver con su lenguaje gestual: su mentón está ligeramente apuntando hacia arriba, se proyecta en ángulo por encima de la cabeza de los asistentes. Su mirada va de rostro en rostro, sin detenerse en ninguno. Parece contener una sonrisa, pero sus labios permanecen cerrados en ángulo recto. Es una expresión ambigua. Los grandes líderes muestran esos rasgos de control gestual.

Durante un estudio realizado por el doctor Simón Baron-Cohen, de la Universidad de Cambridge para se pidió a un grupo que evaluara, teniendo en cuenta una estrecha franja del rostro humano, los estados mentales de cada una de esas imágenes. El noventa y cinco por ciento de las mujeres acertaron, mientras que el ochenta por ciento de los hombres lo hicieron. El estudio concluyó que el cerebro femenino es mucho más perceptivo a las emociones que el del hombre.

C- Las manos y las piernas

Como primates avanzados, los seres humanos, tenemos una gran fijación no solo por la múltiple baraja de expresiones del rostro. También solemos leer de una forma particularmente especial, lo que hacemos con las manos y las piernas. Al fin y al cabo, estas son las extremidades que tuvimos que desarrollar mejor, hasta perfeccionar la forma en que las usamos.

Fue ese el único modo para poder descender de los árboles y tomar el control del entorno natural hostil. En nuestros tiempos de grandes avances tecnológicos, todavía hoy las mujeres miran las manos de los hombres y éstos, las piernas de las mujeres, como rasgo de atractivo sexual. Como todo lo que pasa en el mundo natural, nada de esto es casualidad.

Las manos son mucho más que una manera de interactuar con el mundo. Además de usar instrumentos cotidianos como el teclado de un ordenador, el teléfono celular, los cubiertos para comer y el timón del automóvil al conducirlo, también las tenemos para interactuar socialmente.

En una primera reunión, es posible saber, con los primeros seis o siete movimientos que se hacen con las manos, cómo será esa relación entre dos personas: la forma en que se muevan dice si hay dominio, sumisión o la manipulación burda. Tanto política como espiritualmente, las manos se han usado para mostrar gestos de control simbólicos.

Desde los mudras en la religión hinduista, pasando por el saludo romano usado por los regímenes fascistas durante los años treinta y cuarenta, hasta la bendición que hace el papa desde su balcón en la Plaza de San Pedro, todos estos son gestos hechos con la mano.

La mano puede asumir diferentes usos simbólicos, de acuerdo a la manera que se oriente: con la palma hacia adelante, tiene un carácter conciliatorio y pacífico. Extendida mirando con la palma hacia abajo, es gesto militar del antiguo imperio romano, que significaba avance, choque y confrontación. También la mano contraída sobre sí misma, se convierte en un instrumento de ataque como en el boxeo; en disciplinas marciales como el karate japonés, en forma de espada, sirve para golpear al enemigo.

Al ver las manos de alguien podemos saber a qué se dedica, cuál es su estatus dentro de la sociedad, e incluso, cómo piensa. Algunos mamíferos como los caninos: perros, lobos, chacales, etc., suelen mostrar su cuello en sumisión ante un adversario que les somete, tumbándose boca arriba; de la misma manera, durante una conversación entre dos personas, se suelen mostrar antes, durante y después del encuentro, las palmas de las manos en un gesto de confianza: es un rezago de nuestro comportamiento primitivo, en que se solía andar armado; en el cerebro cortical, la razón y el diálogo ha sustituido a la fuerza de las armas para resolver problemas y conflictos.

El contacto físico a través de nuestras manos con los otros, es un rasgo marcado en la mayoría de culturas occidentales. Ya hemos visto que los orientales procuran mantener su distancia íntima, haciendo uso de los símbolos de cortesía usuales. Pero para nuestro cerebro primate, el contacto físico resulta algo importante cuando se trata de transmitir empatía, afecto o sentido de seguridad. Los niños recién nacidos son constantemente acariciados y tocados por los adultos, como signo de calidez y cariño.

En la medida que crecemos, la proximidad física y la cercanía, se hacen cada vez más esporádicas, dejándolas reservadas solamente a personas de nuestro entorno personal. Aproximarse demasiado al espacio íntimo de alguien, es un gesto de mala educación y puede ser interpretado incluso por un gesto amenazante. Por lo general, para mostrar que no estamos de acuerdo con alguien que sobrepasa dicha barrera, solemos anteponer nuestras palmas de las manos extendidas, indicando así que esa persona no debe sobrepasar ese límite imaginario que estamos demarcando con ellas.

Gesto de palma extendida hacia afuera
representando la advertencia: "no pases"

D- Las piernas

Las piernas son también una forma elocuente de expresar el lenguaje corporal. La modificación que sufrieron en un momento determinado nuestras piernas, con el desarrollo de una articulación a la altura de las caderas, ha permitido una gran versatilidad en muchas de las actividades que son prácticamente de uso exclusivo del homo sapiens: con nuestras piernas podemos marchar, bailar, trotar, hacer artes marciales y practicar diversos deportes como el fútbol o el atletismo. Si viéramos nuestras piernas desde la perspectiva del resto de las especies de animales, seguramente nos sorprenderíamos por la amplitud y versatilidad que les damos.

Hablando de lenguaje corporal, las piernas son herramientas de una gran utilidad para expresar cómo nos sentimos en ese preciso momento. La postura y posición de las piernas, pueden manifestar nerviosismo, relajación, tranquilidad, inquietud, ansiedad, excitación, tensión y una baraja amplia de estados.

Es usual que los psicólogos analicen la postura de las piernas de los candidatos a un puesto de trabajo. Cuando les dicen a los aspirantes, "relájense", la mayor parte suelen cruzar sus piernas, moverlas haciendo pequeños golpes en el suelo, a la manera de un tamborileo o abriéndolas exageradamente. De hecho, este gesto, que puede parecer invasivo en circunstancias poco cómodas como en un bus o un vagón de metro, cuando lo hace un hombre, se le conoce como mansplaining corporal: invadir parte del espacio del otro abriendo las piernas ampliamente en forma de tenaza.

Cruzar las piernas es una forma de manifestar la territorialidad a través del lenguaje corporal. La distancia que hay entre un pie y otro, es directamente proporcional al despliegue de territorio que se quiere abarcar. Aunque podría parecer que esto es un mito, es posible observarlo en la práctica: observando a guardias de seguridad, escoltas, policías o personal de seguridad, es posible ver cómo al estar de pie mantienen los pies más separados que otras personas que realizan actividades totalmente diferentes, como podría ser un médico, un profesor, un arquitecto, un artista o un sacerdote. Esto es necesario en materia de lenguaje corporal, pues es necesario comunicar a los demás quién es el que controla el espacio personal. Esa postura es un símbolo de seguridad y autoconfianza, además, proyecta de manera subconsciente, un dominio sobre el territorio y el espacio personal.

Cuando alguien quiere irrumpir en nuestro espacio personal más cercano, llamado espacio íntimo, suele avanzar varios pasos hasta quedar cara a cara con nosotros, mirándonos, e incluso, respirándonos directamente en la cara. Sus pies estarán separados, prevenidos ante cualquier gesto de agresión para ir a la lucha, cuidando de mantener el eje de gravedad para evitar caer y ser presa del contendor. Todas estas son señales que denotan un dominio de un cuerpo sobre el otro. Son sutiles mecanismos corporales que transmiten fuerza y decisión.

E- La postura

El modo en que disponemos nuestro cuerpo, es elocuente respecto a la atención que damos a los otros. Los demás notan cuando una persona está siendo empática, asertiva o está atenta a lo que se está haciendo o diciendo. En el momento en que se entabla una comunicación con otra persona, hay una serie de signos corporales y gestuales de conexión. La atención que se presta al interlocutor se manifiesta en forma de proyección del cuerpo respecto a éste.

Si alguien no tiene el menor interés en interactuar con su interlocutor, su cuerpo será la forma manera de saberlo. No importa si estamos de pie, sentados o acostados, la forma en la que disponemos el cuerpo tiene una gran repercusión tanto en la disposición, como en la capacidad para escuchar y prestar atención.

Si alguien tiene su cuerpo en posición encorvada y desplomada, es decir, pareciendo que se envuelve en sí mismo, este es un indicador de gran falta de compromiso y desinterés.

Por el contrario, cuando se alza el torso, permitiendo que la cabeza permanezca erguida sobre el cuello, reclinando los hombros hacia atrás, mostrando calma en las expresiones faciales y mientras los ojos siguen los gestos y los labios del interlocutor, esto es una señal directa y clara de que el cerebro está dispuesto a escuchar lo que se le va a decir.

Los expertos en lenguaje corporal conocen estos sutiles expresiones gestuales y posturas a la hora de conocer si alguien de verdad está siendo sincero y tiene un interés auténtico en lo que se le va a decir. Aunque no somos conscientes de ello, nuestro cuerpo y rostro, está dando señales constantes de empatía o rechazo hacia los demás, sin que nos percatemos; sin embargo, el cerebro mamífero y primate, que ha pasado por un largo proceso adaptativo, sabe leer muy bien estos signos que resultan por lo general inequívocos.

La postura encorvada con la mirada hacia abajo, demuestra desinterés y apatía.

Un cuerpo que está fláccido, que parece caerse y estar sostenido por hilos, al igual que una marioneta, es una clara evidencia de apatía, depresión y abatimiento del ánimo. Por el contrario, cuando un cuerpo permanece erguido y demuestra que está alerta, denota un compromiso, energía y voluntad. Es un signo de asertividad corporal positivo. Del mismo modo, esta postura se complementa con la expresión del rostro, los ojos bien abiertos, las cejas fijas y el tono de voz franco y claro del interlocutor.

Al empalmar una comunicación con otra persona con asertividad corporal, se establece una sana relación donde coinciden comportamientos y el cerebro está atento al intercambio, lo que incrementa las posibilidades de persuadir a otras personas para que entiendan y acepten nuestro punto de vista.

Los profesionales en ventas, suelen indicar a los aspirantes a vendedores, qué deben hacer y qué no, para poder lograr un impacto positivo en sus clientes potenciales. Un error puede costar muy caro. No mirar fijamente a los ojos del cliente durante un largo tiempo, ni invadir su espacio íntimo, ni tocarlo, manteniendo siempre una distancia respetuosa, es un factor decisivo para que un cliente tome una decisión a favor del vendedor y acepte su propuesta.

Para poder lograr la persuasión es preciso establecer una relación de confianza que se logra solamente generando confianza. La postura corporal es esencial en ese proceso. Cada uno de nuestros gestos y movimientos, están comunicando una sensación que el cerebro del interlocutor lo interpreta unívocamente en dos direcciones: agresión o amistad, empatía o rechazo, molestia o agrado. Esta es la razón que de la expresión "no hay una segunda oportunidad para agradar a alguien", tiene tanto de verdad.

La postura corporal refleja nuestro estado de ánimo y la empatía social. Tomar distancia o cruzar los brazos o las piernas, son maneras de expresar corporalmente un cerco; por el contrario, acercarse, mirar directamente a la cara y tratar de tener cercanía, es una forma de empatía de nuestro cerebro que se expresa a través del cuerpo.

En muchas culturas la proximidad corporal es una manifestación de empatía que se manifiesta por medio de besos, incluso entre hombres o abrazos, tal como sucede en países eslavos o en el Mediterráneo italiano. Esto es un símbolo de total confianza y de camaradería.

Es por eso que muchos estudiosos de la etología (comportamiento animal), primatólogos y antropólogos, han entendido al sexo como un campo de batalla, donde uno domina sobre el otro, que asume una posición de inferioridad y debilidad, para complacer a la pareja sexual. En ninguna otra especie animal se da este fenómeno como en la humana, donde el espectro sexual tiene tantos y tan variados significados y simbologías.

De cualquier manera, la gestualidad y la corporalidad humana, tiene una serie de niveles de interpretaciones tan complejas, que pueden ser usados hábilmente por personas que están entrenados para persuadir por medio de su gestualidad, movimientos, tono de voz y posturas. Los actores suelen aprender un método para representar al personaje que intentan encarnar, llevando al límite su propio cuerpo adaptándose a lo que intentan decir por medio de su rol. También muchos profesionales en mercadotecnia y ventas, usan las claves del lenguaje corporal para poder conseguir que el cliente acceda a sus intenciones comerciales, sin negarse ni oponer ninguna resistencia.

Actor de teatro ensayando un rol

CAPÍTULO 6 : CORTEJO Y SEDUCCIÓN

A- Las señales de cortejo humanas

Aunque no seamos conscientes de su poder a la hora de establecer relaciones sexoafectivas, el lenguaje corporal resulta crucial al momento del cortejo. De su eficacia dependerá el éxito en la fundación de la relación, que, a largo plazo, terminará por traer a una nueva vida y fundando una familia.

El cerebro límbico, que es el que media entre el reptiliano y el cortical, es el encargado de las expresiones, actitudes, movimientos y gestos automáticos cuando interacciona con el entorno, esto incluye también, desde luego, a las personas. Aunque consideremos que la civilización es la que ha determinado la manera en que asumimos la sexualidad en la vida moderna, es, por el contrario: la sexualidad es la que ha hecho que vivamos como vivimos y ha llevado al ser humano a alcanzar un estado de bienestar cada vez mayor.

Como primates avanzados que somos, nuestro comportamiento en materia sexual es sistemático y predecible: en primer lugar, está el cortejo o flirteo, que se inicia con una serie de gestos físicos y psicológicos que son indicadores de una respuesta positiva ante la proposición de unirse sexualmente.

Un investigador y autor, Albert Scheflen, descubrió que al entrar en contacto dos personas del sexo opuesto, hay una serie de indicadores corporales que manifiestan la atracción sexual. Los rasgos físicos como la flacidez facial, el estómago se contrae para aparentar menos volumen, la postura corporal en general, se hace más erguida para dar una impresión de mayor altura y fortaleza física.

Estos son indicadores que pretenden atraer mucho más la atención de la potencial pareja sexual. Es un resquicio de nuestro pasado primate que se dispone a transmitir la herencia genética con el que se considera, el mejor dotado de los miembros del sexo opuesto.

Para las hembras, el hecho de elegir al mejor miembro entre los machos para poder procrear, es una cuestión que tiene mucha importancia, pues de ello dependerá la calidad de los descendientes. Si la hembra elige a un macho enfermo, viejo o débil, las probabilidades de que la cría nazca con defectos físicos, deformidades u otro tipo de condición que no le permita sobrevivir, esto sería un desperdicio de recursos biológicos.

En ese sentido, la mujer, también guarda ese resquicio de selectividad derivada de sus antecesores primates y mamíferos superiores. El término hipergamia (del griego, *hyper*, superioridad, y *gamia*, cópula, matrimonio) define muy bien esta tendencia al elegir al mejor pretendiente, que caracteriza el comportamiento femenino respecto a la baraja de hombres que alaban, siguen y cortejan constantemente a una mujer en el esplendor de su poder sexual y reproductivo.

Los gestos de proximidad dentro del espacio íntimo, que caracterizan a una pareja de enamorados, son señales claras de atracción sexual auténtica.

Al igual que los machos primates, el hombre tiene una serie de rasgos y gestos corporales que tienen como fin atraer la atención sexual de la mujer. Levanta sus hombros, haciendo que den la impresión de ser más anchos, saca la quijada, mostrando que sus huesos son fuertes y asume una postura totalmente vertical, para proyectar con su pecho proyectado hacia adelante, que está mucho más sano, es más joven y tiene mejor poder físico que el resto de pretendientes.

Por otra parte, la mujer, suele moverse coquetamente, bailando o con movimientos sensuales que dejen ver la voluptuosidad de su cuerpo, la anchura de sus caderas; juguetea con su pelo lanzando feromonas al hombre para seducirlo, abanica sus pestañas mirando fijamente al pretendiente, dándole a entender que está abierta y es receptiva a sus estrategias de seducción.

Una vez que se ha pasado esa barrera física, el paso siguiente suele ser del contacto físico que transgrede el espacio íntimo, que como vimos anteriormente, está destinado solo a quienes consideramos más cercanos y con un mayor grado de intimidad respecto a nuestro cuerpo.

Entrelazar las manos y tocarse, es un gesto inequívoco de atracción física y sexual; permitir que el hombre toque las piernas o que la mujer lo haga con él, igualmente constituye una clara señal de que existe un verdadero interés que va mucho más allá de lo diplomático, en cuanto a relaciones con el otro sexo se refiere.

Los primates, como lo narra Frans de Waal, también tienen una serie de claros gestos corporales para entrar en contacto con los otros, y que, podríamos asumir, tienen un carácter sexual, pero no es así.

Un cuidador nuevo que fue presentado a un grupo de bonobos concedió la proximidad cotidiana que tiene esta especie con los nuevos miembros, dejándose dar un beso de bienvenida. El cuidador, inocente ante este gesto, de repente, se dio cuenta que estaba recibiendo un beso con lengua de uno de los ejemplares de bonobo[5].

El beso, que es una señal clara de cortejo, es también un gesto heredado directamente de los primates. Representa la confianza y la calidez de la madre dándole de comer, llevando la comida de su propia boca, a la de sus crías. Este también es gesto característico en las aves, que les permite

---

5 Frans de Waal. El mono que llevamos dentro. Capítulo 3. Sexo. Pp 89.

sobrevivir a los pichones, cuando su madre les proporciona el alimento directamente en sus picos.

Existe un episodio de un célebre beso entre dos líderes comunistas, el ruso Leonid Brezhnev y el alemán, Arthur Honecker, además de que se convirtió en un ícono de la cultura pop, adornando el que fuera el Muro de Berlín, es también un gran ejemplo de la postura corporal empática y abierta. Sucedió durante el trigésimo aniversario de la RDA (República Democrática Alemana), evento en que los dos líderes del bloque comunista se saludaron efusivamente, metaforizando una unión que parecía mucho más que política entre los dos pueblos, que fue sellada con aquel legendario beso.

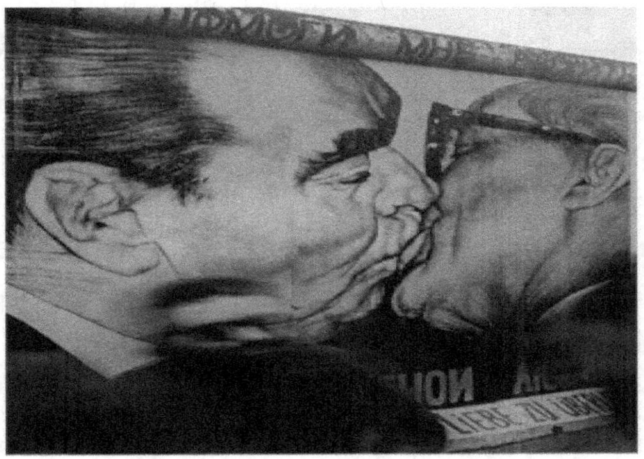

El célebre beso entre los líderes Leonid Brezhnev y Arthur Honecker que se convirtió en un ícono popular del siglo XX

El beso es sumisión y entrega absoluta; las dos partes confían la una en la otra, tanto, que ceden cualquier tipo de resistencia ante una potencial agresión o ataque bajando los brazos. Durante el ritual del beso, por lo general, las manos están tomando el cuerpo o entrelazadas con las de la pareja, siendo el preludio al acto sexual y la reproducción. La postura de sumisión también se puede ver ejemplificada durante la cópula. En casi todas las especies, durante el acto sexual, las posturas defensivas están relajadas o desaparecen completamente.

Los bonobos, de lejos, los primates de mayor conducta sexual, suelen tener una marcada conducta erótica en cada uno de sus gestos. Los juegos entre ejemplares del mismo sexo suelen ser usuales entre ellos. El beso con lengua es usual entre éstos primates, siendo incluso, normal entre machos jóvenes, dado que su conducta sexual es moneda corriente en prácticamente todas las actividades sociales que realizan, desde la recolección de la comida, hasta el juego.

Uno de los colaboradores del eminente zoólogo austriaco Konrad Lorenz, de nombre Jürgen Nicolai, se dedicó a estudiar y observar los comportamientos de diferentes clases de aves durante décadas. Durante estas observaciones, halló que, en una especie de ave europea, el conocido como camachuelo, es la hembra la que da comienzo al inicio del ritual de apareamiento.

La iniciativa, en la mayoría de especies la toma el macho, aunque en ocasiones, es el caso contrario. Cuando la hembra ha elegido al macho para llevar a cabo la labor de reproducción, entonces, emprende el vuelo hacia éste, aterrizando en su lomo. Ahí, se yergue y empieza a lanzar una serie de ruidos como si fuera un gallo. Dicho gesto, significa que el macho sobre el que está posada la hembra del camachuelo, ha sido el elegido para procrear una nueva generación. Se podría decir que esta ave, es una suerte de precursora dentro de las aves de las mujeres empoderadas, que en nuestros días suelen tomar la iniciativa para ligar con un hombre. Si el camachuelo macho se resiste a la seducción por parte de la hembra, ésta se puede tornar violenta, acosándolo, al punto de perseguirlo y hostigarlo para que acceda a sus intenciones.

Una de las fantasías más recurrentes de las mujeres consiste en que un galán sacado de una película de Hollywood las seduzca, flirtee con ellas, para finalmente, terminar en una noche de pasión tras la cual se consumará una relación perfecta. Lamentablemente es algo que no suele suceder a menudo, ya que la mayor parte de los hombres carecen de la habilidad necesaria para poder leer los signos de cortejo que exhiben las mujeres con su lenguaje corporal.

A pesar de que existen cantidades de libros, videos y contenido en Internet, para ligar de una manera perfecta con cualquier mujer, no hay una receta, ni mucho menos un listado de cosas que funcionen en cualquier circunstancia.

Aunque parezca mentira, algunos grandes seductores no son los hombres más atractivos. Muchos hombres tienen una suerte de imán capaz de atraer a las mujeres que, para el resto, resultan inalcanzables. Se tiene sobreentendido que los hombres son los que deben tomar la iniciativa a la hora de iniciar el cortejo, pero es la mujer la que da vía libre, es decir, la que accede o rechaza al hombre que muestra sus intenciones.

¿De qué manera lo hace? Si un hombre es lo suficientemente inteligente, experimentado o suspicaz para entenderlos, será capaz de leer los gestos que lanza por medio de su postura, su mirada y sus gestos. La causa de que muchos hombres fracasen en sus galanteos con una mujer durante la interacción, tiene qué ver con que están jugando constantemente a la ruleta de la atracción.

Cuando un hombre cruza miradas con cualquier mujer en un bar o una disco, la mayoría de las veces es un acto fortuito, pues quizá ella esté haciendo un simple paneo general y nada más que eso.

Incurrir en el error de pedir la hora o hablar del clima o de la situación política actual, no hace otra cosa que aplazar el desastre del flirteo echado a perder por la torpeza de no saber leer los gestos del lenguaje corporal.

Dicha situación queda descartada, cuando el hombre tiene unas cualidades físicas remarcables y no es necesario que se esfuerce mucho para llamar la atención de las mujeres. Una de las maneras para descartar o no a un pretendiente que usa una mujer, son tan sutiles, que muy pocos hombres, o aquellos con una gran experiencia con mujeres, son capaces de leer.

El conocido juego de las miradas es el rasgo inequívoco de atracción física. Una mujer mira, en promedio tres veces, fijando sus ojos en el hombre que le resulta más atractivo sobre el resto.

Sostener la mirada a una mujer que está interesada durante ese proceso, puede arruinarlo todo, haciendo que ella desista del juego por considerarlo muy fácil o por sentirse claramente intimidada por la actitud del hombre. Es por esa razón que el hombre debe conocer el paso siguiente al flirteo visual, que tiene qué ver con los movimientos indicativos de éxito en la seducción. Ese juego de miradas se puede repetir, y si así sucede, indica una marcada atracción por parte de la mujer hacia el hombre.

El juego de las miradas es el primer
indicador de atracción física femenina

B- Los movimientos y la seducción

Una vez que se hace efectivo el contacto visual, siendo recíproco por ambas partes, el paso siguiente en el ritual del cortejo humano, tiene qué ver con los movimientos corporales, que son algo parecido a una suerte de danza. Gran parte de los machos de diferentes especies, usualmente cortejan a la hembra por medio de movimientos coreográficos y teatrales. Algunos pavos reales suelen hacer una serie de danza extendiendo su espléndido plumaje para impresionar a la hembra.

Los seres humanos tenemos otras estrategias reproductivas mucho menos estrambóticas, pero igualmente efectivas. Las discos y carnavales, suelen ser oportunidades perfectas para conseguir un ligue que puede llegar a perdurar en el tiempo. Las gentes van allí para distenderse, disfrutar y divertirse, por lo general, mediante uno de los rituales más antiguos que se conocen para obtener sexo: el baile.

En el proceso del baile, todos los movimientos corporales se pueden confundir fácilmente con una insinuación erótica. Se toma a la chica por la cintura y se acerca su cabeza a la suya, estando en una posición de cercanía tal, que se rompen completamente las reglas de la distancia íntima.

El baile es la oportunidad perfecta para demostrar la salud, vigor y capacidad de plasticidad, que pueden hacer que la balanza se torne en favor de ese pretendiente sobre el resto, que, por desgracia, no tienen dicha habilidad corporal. La proximidad de los órganos sexuales de ambos durante el baile, el sudor, la respiración, el contacto entre las manos y el cuerpo de ambos, resultan en un afrodisiaco perfecto para consumar la atracción que inició con el juego de las miradas.

El baile constituye el ritual de apareamiento
social por excelencia de la especie humana

La mujer durante el cortejo, suele erguirse haciendo que sus senos se proyecten para exhibir su vitalidad y capacidad de amamantar. También suele cruzar las piernas o apuntar con sus pies en dirección al hombre que la está cortejando, para señalarle que sí está interesada; si se encuentra de pie, entonces oscilará sus caderas, mostrando su capacidad de fertilidad y vigor, jugueteando con su cabello para mostrarle su interés pretendiendo agradarle más, haciendo tirabuzones con sus dedos, sin dejar de mirarlo y ladeando la cabeza hacia los hombros.

También puede humedecerse los labios o morderlos, como si estuviera mordiendo algo. El estómago estará paralelo a la espalda, ajustarse la ropa para que se pegue al cuerpo y tocarse las manos con nerviosismo, entrelazando los dedos. Siempre su cuerpo estará en ángulo recto, respecto al del hombre que le interesa.

Hacer contacto físico es otro de los gestos inequívocos del juego de la danza del cuerpo. Tocarlo, empujándolo ligeramente con sus caderas, si están uno al lado del otro, rozar con sus rodillas la entrepierna del hombre, acariciar su cabello o tocar su ropa, son maneras de aproximarse de una manera más íntima. Si es el primer acercamiento de la mujer luego del juego de las miradas, es ofrecerle su mano para estrechar la del hombre, es un gesto que indica atracción franca y auténtica.

Los gestos de seducción positiva de las mujeres suelen ser sutiles y, por lo general, menos sexualizantes que los que realizan los hombres, que suelen ser más directos como mirar su cuerpo fijamente o decirle un piropo o cumplido.

Diez señales que indican que existe una marcada atracción de una mujer hacia un hombre:

1. Echar el cabello hacia atrás: por medio de este gesto, la mujer libera las feromonas alrededor suyo, casi siempre tomando su cabello con ambas manos, abanicando también dicha sustancia con sus axilas para que el hombre las pueda percibir. Es una señal directa de interés sexual.

2. Morderse los labios y tocarlos con su lengua: la lengua femenina aquí, asume la forma de un falo y toca los labios humedeciéndolos. De esa manera le demuestra al hombre que está lista sexualmente para la cópula, de una forma diplomática pero directa. Los labios femeninos suelen ser mucho más carnosos y con mayor volumen comparados con los de los hombres, por esto,

son un arma de seducción efectiva acentuando su rubor con el lápiz labial.

3. Pupilas dilatadas y los ojos brillantes: los ojos de la mujer están fijos en el objeto de su deseo, humectándolos constantemente mientras parpadea, para no quitar la vista del hombre al que ha elegido para procrear.

4. Acariciarse a sí misma: las mujeres con interés sexual en el hombre, tienden a tocarse los muslos, los brazos o a proporcionarse caricias a ellas mismas. Esta es una proyección psicológica exteriorizada por el deseo de ser tocadas. De manera velada le está comunicando al pretendiente que podrá hacer lo mismo con ella, cuando estén en un momento de intimidad.

5. Dejar caer la muñeca: el gesto de dejar caer la muñeca, es una especie de alusión subconsciente a lo que suelen hacer las aves al simular tener un ala herida para mostrar vulnerabilidad ante un depredador que amenaza al nido. Del mismo modo que en la cultura popular se ha popularizado éste gesto cliché en los hombres homosexuales, para demostrar que son mucho más delicados que el resto, las mujeres usan la muñeca caída para atraer al hombre mostrándose más vulnerables.

6. Mirar por encima del hombro: aunque en otro contexto puede ser malinterpretado, este gesto significa que la mujer está interesada, usando como objeto de ocultamiento su hombro, que es una extensión de la redondez de un seno, para flirtear con el hombre.

7. Contonear las caderas: es probablemente el gesto de seducción femenino más difundido. Por medio del contoneo de caderas, la mujer está mostrando su vigor sexual y haciendo alarde de lo bien dotada que está, sin decir una sola palabra. Golpear con las caderas a un hombre que está sentado, es una especie de marca que se hace sobre éste para indicarle la disposición al cortejo.

8. Ladear la pelvis: esta es otra señal que demuestra que una mujer está en plena etapa de esplendor reproductivo. La forma del reloj de arena y la cintura de avispa, es un indicativo de la salud y fertilidad de una mujer. Ladear la cadera es acentuar estos rasgos sexuales propios de la feminidad para atraer la atención del hombre.

9. Apretar las piernas cruzadas: el gesto inmortalizado por la película Bajos Instintos, donde Sharon Stone cruza las piernas, es una de las clásicas maneras de mostrar interés sexual por parte de una mujer. Las piernas, son un foco de atención en que las miradas masculinas suelen posarse a la hora de seducir. Cruzar las piernas y apretarlas, hace que los músculos se vean más voluminosos y tonificados, llamando la atención del hombre.

10. Balancear el zapato: algunas mujeres suelen sacarse el zapato y jugar con él mientras miran fijamente al hombre. Esto es una proyección fálica del zapato que asume la forma del órgano sexual femenino, mientras el dedo, es el falo masculino que puede entrar y salir, haciendo una analogía claramente sexual.

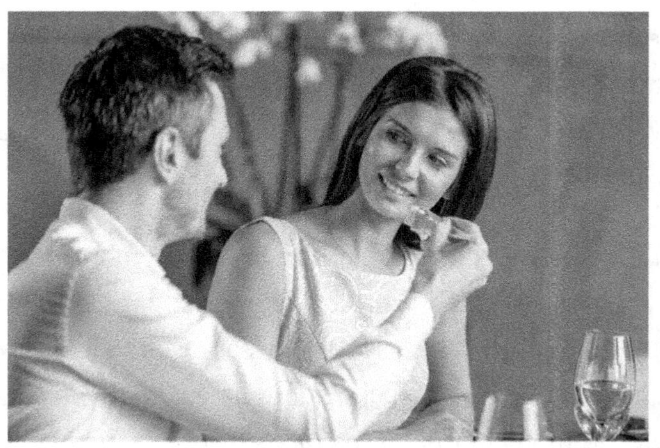

Un alto porcentaje de los flirteos son comenzados
por las mujeres con el juego de las miradas

C- La comunicación no verbal, un aliado poderoso para tener éxito en las relaciones

Sin embargo, no todo se limita a la esfera sexual en materia de comunicación no verbal. Nuestro cuerpo habla de manera silenciosa en muchos aspectos de nuestra vida, entre ellas, los que se refieren a las relaciones. Como una especie gregaria, el homo sapiens necesita interactuar y reunirse en grupos para poder sobrevivir. Cada movimiento y gesto, es una especie de cartel que habla a los demás de manera silenciosa comunicando si sentimos ansiedad, frustración, molestia, atracción, irrisión y una amplia baraja de emociones humanas.

A la hora de tener una reunión social, un simposio, una entrevista, una rueda de prensa o simplemente al conocer a una persona en un espacio determinado, puede ser en una calle concurrida o en el interior de una casa u oficina, sus gestos, forma de hablar, pero, sobre todo, su manera de moverse y comunicarse con su lenguaje corporal, nos dice mucho sobre esa persona.

Tener éxito en las relaciones que establecemos con otros, pasa por el tamiz de la correcta expresión corporal. Podría decirse que existe una suerte de normas de etiqueta relativas al lenguaje corporal, que el cerebro ha determinado son las ideales al momento de la interacción social. Aunque es la parte del cuerpo que tiene una gran importancia, pues nos permite realizar acciones esenciales como caminar, correr, bailar y practicar infinidad de deportes, los pies no reciben la atención que merecen como carta de presentación en sociedad.

Expertos en la interpretación del lenguaje corporal, como el ex agente del FBI, Joe Navarro, remarcan la importancia que tiene la parte inferior del cuerpo, piernas y pies, para saber qué dicen respecto a las verdaderas intenciones de los sospechosos. A pesar de que las expresiones faciales, movimientos de los brazos y expresividad de las manos digan una cosa, lo que se oculta bajo la superficie, en el lenguaje de los pies, es lo que nos dice realmente qué es cierto y qué no.

Este hecho queda evidenciado durante las alocuciones públicas de personajes como políticos o celebridades. Aunque demuestren un completo autocontrol, seriedad y calma en sus expresiones corporales del tronco superior y la cabeza, es en las piernas y los pies donde se muestra toda la carga de nerviosismo, como si fuera bajo las aguas de un lago en calma el lugar en que se está desatando la tormenta.

Generalmente las piernas y los pies son las partes del cuerpo que no se suelen mostrar en un evento público. Esa supuesta seguridad de permanecer ocultos, hace que el inconsciente se proyecte a través de posturas cargadas de nerviosismo como agitar los pies, tamborilearlos contra el suelo, mover las piernas entrecruzándolas, abriéndolas y cerrándolas como si fueran tijeras. Esto es la proyección psicológica de una gran inseguridad, ansiedad, nerviosismo y temor.

La explicación desde la biología que tiene este gesto es muy simple. Durante las difíciles épocas en que nuestros antepasados se encontraban cercados por una serie de peligros que los acosaban desde que salían de sus cuevas, los pies y las piernas se especializaron para convertirse en instrumentos de supervivencia. En medio de la noche o recorriendo una frondosa jungla o bosque, nuestros ancestros se detenían al escuchar un ruido. En ese preciso momento el cerebro estaba enviando a las extremidades inferiores una alerta: detente, escucha y prepárate a huir o luchar.

Es por esa razón que cuando estamos ante un momento de gran nerviosismo, mientras estamos cruzados de brazos respirando agitadamente, nuestras extremidades inferiores se entrecruzan, moviéndose y mostrando gran inquietud en el estado de ánimo. Es notorio observar esta conducta cuando nos detenemos a ver a alguien en estado de tensión, mientras espera en una consulta médica o mientras aguarda por la llegada de esa persona especial a la cita definitiva: la típica conducta del león enjaulado de recorrer un mismo trecho de espacio o cruzar las piernas y descruzarlas una y otra vez.

Las formaciones militares o de grandes grupos enfatizan este aspecto de uniformidad de las extremidades del cuerpo. Mantenerse alineados, con la posición de talones juntos, la cabeza erguida mirando al frente y los brazos al costado, es lo primero que aprende un soldado o cadete al ingresar a la academia. El control corporal es un símbolo poderoso de que la mente está siendo puesta al servicio del cuerpo y no al contrario.

Es, de igual manera, una posición de gran sumisión, pues el centro de gravedad del cuerpo no está equilibrado ante cualquier agresión, por lo que no hay muchas oportunidades de reaccionar. Esa postura la asumen los mayordomos y los miembros de la corte en las ceremonias reales como una coronación o entronización de un monarca. Se muestra respeto y sumisión manteniéndose en posición vertical y con los brazos a un lado para poder inclinarse ligeramente al paso del gobernante supremo.

De este modo, al asumir esa postura con los pies muy juntos y los talones pegados, estamos demostrando de manera inconsciente, que la presencia del otro nos merece un total respeto de las reglas sociales establecidas.

Durante las ceremonias de coronación, los asistentes están en posición respetuosa, con los pies juntos como muestra de sumisión. Coronación de la reina Victoria de Inglaterra en 1837.

De otro lado, la posición de las piernas ligeramente abiertas, conocida también como VASE (Vertical, Abierta, Simétrica, Estable) es una demostración corporal de poder, seguridad y autoconfianza. Esta es la postura que usualmente asumen los vaqueros en las películas del Oeste para demostrar su virilidad, fuerza y decisión.

Esa posición de tenaza abierta que asumen las piernas, están exhibiendo una gran confianza en sí mismo. Del mismo modo, se suele proyectar el pecho y meter la espalda, ganando mayor altura; el mentón está proyectado hacia adelante y la frente en alto. La posición de las manos y brazos puede estar en jarras sobre la cintura, exhibiendo gran virilidad. Además, echar la pelvis hacia adelante, es una poco sutil exhibición de los órganos genitales para acentuar la decisión desfachatada.

Si reparamos con detalle en las películas clásicas, donde el héroe es el hombre dominante, notaremos que todos repiten esta misma postura VASE para remarcar su condición de macho alfa. El arquetipo cinematográfico es el estilo de caminar de John Wayne o la postura típica de Steve McQueen o James Dean con las piernas entreabiertas para proyectar su espacio corporal, que parece gritar a los cuatro vientos:

«Aquí estoy, ven por mí, si tienes agallas», parece decir el cuerpo.

También en las estatuas o pinturas de grandes conquistadores, héroes y revolucionarios, es bastante usual notar la posición que asumen las piernas y los pies, claramente dando un paso largo para abarcar mayor espacio vital.

Asumir esta postura es un gesto de reto y rebelión. Puede ser chocante o agresiva para alguien si se asume durante una entrevista o cuando nos presentan a una persona con la que queremos negociar. Es un modo de expresión corporal claramente agresivo y dominante. Así que es bueno siempre mantener un equilibrio al momento de interactuar con alguien que nos acaban de presentar y evitar estos gestos corporales.

La forma en la que caminamos es elocuente respecto a lo que sentimos y lo que proyectamos en la mente de los demás. Los primates suelen caminar con el lomo arqueado y los brazos oscilantes a los lados; pero cuando se percibe un peligro para el grupo, el macho alfa es el primero en ponerse erguido. Saca su pecho, aguzando la mirada, proyectando su cuerpo con su pecho hacia adelante y alzando los brazos sobre su cabeza para hacerse ver mucho más grande.

La forma en la que nos movemos para caminar, puede decir mucho acerca de nosotros. Al caminar estamos proyectando y mostrando si estamos atentos a lo que pasa alrededor y si nuestro estado anímico es óptimo; la salud y energía se proyecta de ese modo también: caminar torpemente es evidencia de que hay algún tipo de defecto o enfermedad. Si se camina de manera lánguida, poco enérgica, arrastrando los pies de forma grotesca, esto es un claro indicador de desdén, pereza, aburrimiento y apatía.

El ritmo marcado que tanto suele hacer sufrir a los reclutas en las fuerzas militares, denota atención, fuerza, decisión y energía. Marchar con los brazos y las piernas marcando el paso, es un signo de vitalidad y voluntad. Al contrario, caminar con una marcha caótica, llevando los brazos un ritmo y las piernas otro, quiere decir que puede haber un problema motriz, lasitud y desánimo.

El paso altivo, decidido y arrogante de un general, un rey o un deportista durante un evento deportivo, con la frente en alto, el pecho proyectado hacia delante, mientras se mira de tanto en tanto sobre el hombro a los otros, es un gesto de prepotencia y soberbia:

«Estoy por encima de todos ustedes», parece que el cuerpo estuviera gritando a los cuatro vientos.

Por otra parte, caminar dando grandes pasos, largas zancadas y de manera firme, casi al trote, indica prisa, interés por llegar a un lugar o molestia. Es similar al paso que usan los marchistas en las competiciones, donde el umbral entre correr y caminar se diluye en ese paso marcado, de gran exigencia física.

El caminar de forma morosa, lenta y sensual, como hacen las cantantes, modelos y reinas de belleza en su paso por las largas pasarelas, es una proyección de la sensualidad corporal. El exhibir la pelvis y mover las caderas es, en las mujeres, un factor de persuasión y coqueteo. Es una manera de flirtear a través del lenguaje no verbal del cuerpo. Las caderas anchas y un trasero voluptuoso, son indicadores en la sociedad occidental, de vitalidad, juventud y sobre todo salud. Una mujer en el cenit de su fertilidad y belleza, hace alarde de su cuerpo de esa manera clara y directa.

Marilyn Monroe en la película Los caballeros las prefieren rubias, es el arquetipo perfecto de la sensualidad expresada por medio del lenguaje corporal. El séquito de hombres que la persiguen como moscas a la miel, es un elocuente símbolo del poder que tiene el sexo sobre el homo sapiens y de qué manera es capaz de perder la cabeza cualquier hombre por una mujer que le atrae.

CAPÍTULO 7 :
JUGANDO CON EL
ESPEJO

A- El espejo y la selfie: técnicas para mejorar y persuadir con el cuerpo

Desde tiempos remotos, el ser humano ha querido verse reflejado a sí mismo. Los espejos son uno de los instrumentos más antiguos de que se tenga memoria. En la mitología griega, el mito de Narciso, uno de los más populares, representa la vanidad y la fascinación producida por este objeto que refleja todo cuanto se ponga frente a éste.

El presumido Narciso solía verse reflejado en los espejos de agua, admirándose a sí mismo, a tal punto, de quedarse prendado por su propia imagen. El placer que le producía verse reflejado, así como el amor desmedido que se tenía, llevó a Narciso a hundirse en su propio reflejo hasta morir ahogado en las aguas. En recuerdo a esta historia se bautizó a una clase de flor narciso, para guardar en la memoria al héroe del trágico mito griego.

Ya en la Edad de Bronce, cuando los instrumentos para el arado y las armas se desarrollaron, los seres humanos descubrieron que su imagen se reflejaba de manera más o menos fiel en la superficie de los metales.

Luego de miles de años después de que el ingenio humano hubiera descubierto los espejos, la reproducción de la propia imagen a través de un medio externo, fue un paso más allá con la invención de las cámaras. En nuestros días, prácticamente cada habitante del planeta cuenta con un aparato que puede reproducir video y tomar fotos. Nuestra época está determinada por el narcisimo de las selfies y las reproducciones de videos donde podemos vernos a nosotros mismos sin mayor dificultad.

Esta tendencia, ha hecho que cada vez más personas caigan en la trampa narcisista de las redes sociales, en donde abundan las posturas impostadas para casi cualquier cosa. Las fotografías y videos no son exclusivas de los seres humanos: comidas, objetos, joyas, automóviles, paisajes, animales, son reproducidos a través de imágenes multimedia cada segundo en un lugar del mundo.

Las selfies se convirtieron en un fenómeno viral. Tomarse una foto en primera persona con el teléfono móvil o grabarse para que los otros nos validen, reaccionando o comentando en una publicación en redes sociales, es una consecuencia de la sociedad tecnológica en la que nos movemos.

Aunque tenga una serie de características perturbadoras que pueden terminar convertidas en obsesión, las bondades de la selfie para poder estudiar el lenguaje corporal, hacen que sea una valiosa herramienta para entender el lenguaje corporal.

A pesar de las grandes diferencias culturales que se pueden ver a lo largo y ancho del planeta, cualquier persona con acceso a la tecnología, verse reproducido en una imagen o video, genera una fascinación que podría compararse con la producida por un acto de magia.

El análisis del comportamiento humano y de las diferentes posturas y movimientos que realizamos de manera inconsciente en la cotidianidad, resultan evidenciadas gracias al avance de la tecnología. Las cámaras registran cada movimiento que hacemos en los lugares más inverosímiles: automóviles, motocicletas, bicicletas, oficinas, hospitales, centros comerciales, universidades, colegios, iglesias, parques, incluso, al caminar por las calles de las grandes ciudades del mundo, no tenemos conciencia que estamos siendo grabados en video. Esto ha sido de gran ayuda para los estudiosos del comportamiento humano. Los paralelismos entre los grandes primates y los seres humanos, quedan evidenciados en registros fílmicos que demuestran que seguimos teniendo estrechos vínculos con estos fascinantes animales.

El primer gesto que realiza un primate o un bebé humano, al ver su imagen reflejada en una pantalla, es de fascinación. Tocar la pantalla es una manera de dar crédito a lo que los ojos ven; luego la exploración con los dedos del prodigioso instrumento, es la manera en la que el cerebro quiere dar una explicación al fenómeno de capturar la propia imagen.

A diferencia de la versatilidad de la lente de una cámara, el espejo es inmóvil, permanece fijo en un lugar reflejando todo lo que pasa por delante. La autocontemplación durante horas ante el espejo, consume gran parte del tiempo en la sociedad contemporánea; incluso, resulta usual ahora registrar el propio reflejo en el espejo, como una especie de trampa o *mise en abyme* de vanidad, en el que la propia imagen cae en el pozo de Narciso.

Para los actores el uso del espejo y la cámara, son herramientas esenciales para poder analizar cómo toma forma el personaje que están interpretando. Los movimientos, gestos y la forma en la que el cuerpo transmite una emoción, se proyectan una y otra vez, hasta que el arte del intérprete alcanza la perfección. Una de las escenas más famosas que tienen lugar ante el espejo, es la de la película Taxi Driver de Martin Scorsese (1976), donde un taxista trastornado interpretado por Robert de Niro, realiza un monólogo delirante ante el espejo, preguntándose varias veces: «¿Are you talking to me?» («¿Me estás hablando a mí?»).

B- Persuadir usando el espejo o la selfie

El espejo o la selfie, reflejan todo lo que somos y lo que los demás perciben acerca de nosotros. En el mundo actual, donde la vida social activa y exitosa, tienen tanta importancia, aprender técnicas para resultar mucho más persuasivo usando, tanto un simple espejo como la cámara de nuestro teléfono, resulta muy útil. Vamos a ver una serie de trucos y técnicas para ser más persuasivos con nuestro lenguaje corporal.

1- **Evitar cualquier cosa que oculte el rostro**

Debemos tener en cuenta que el rostro es lo más importante al momento de tomar una selfie. Aunque en un contexto general todo es importante, desde el fondo que elegimos, hasta el ángulo y la cantidad de luz que hay en la exposición, el rostro es el centro de la atención de la imagen. Es lo que proyectamos, a la manera de una carta de presentación social.

¿Cuál es la mejor manera para tomarse una selfie sin cometer errores y proyectar una imagen positiva y asertiva?

En primer lugar, se debe enfocar el teléfono con la cámara posterior apuntando hacia el rostro. Ahora, la imagen en la pantalla del teléfono, será visible en el espejo. Si el cabello cubre el rostro, un sombrero o cualquier otro objeto, tenemos que preguntarnos: ¿es ideal tomar una imagen que esté cubriendo nuestro rostro? Para no ocuparnos del teléfono y poder estar atentos a la imagen que estamos proyectando, es conveniente activar la función de temporizador en la cámara; el tiempo ideal para poder tomar el ángulo perfecto es un tiempo entre 2-3 segundos; es aconsejable usar la función de gestos para tomar la fotografía, ya que permite concentrarse en la postura correcta.

Adoptar este método ofrece dos grandes ventajas. La primera es que este es un método muy singular y personalizada; tomar una selfie mediante ésta técnica, ofrece un estilo propio que hará que nuestra foto se destaque del resto de miles de selfies que se toman en el momento justo en que lo estamos haciendo. En segundo lugar, permite verificar una y otra vez, nuestra apariencia cuando no estemos satisfechos con la toma, hasta encontrar la toma perfecta. Al tener el tiempo suficiente para concentrarnos en mantener esa pose, ahorraremos tiempo para tomar una selfie perfecta.

Usar marcos de referencia, permiten que nuestra imagen esté alineada, dando una mayor simetría a la fotografía, evitando gestos y posturas como la cabeza ladeada, el cuerpo inclinado o la pelvis proyectada, que podrán dar una sensación poco elegante en quienes van a ver la selfie por primera vez.

Usar las funciones automáticas de gestos y los marcos para orientar el rostro, nos ayudan a conseguir una selfie perfecta.

C- La cámara en espejo

La selfie con la cámara en el espejo que se ha vuelto popular en los últimos años, es la mejor forma para conseguir tomas de cuerpo complejo, puesto que muchas cámaras tienen una baja resolución en la cámara frontal que toma la selfie. El modo alta resolución o HD, consigue una mejor calidad de imagen.

Dado que nuestra postura transmite siempre un estado de ánimo o una actitud, es importante que proyectemos seguridad siempre. Como hemos dicho en capítulos anteriores, la postura de la espalda recta, es un sinónimo de seguridad; por el contrario, curvar la espalda o cargarla, es una señal de introversión, timidez, baja autoestima y complejos. Del mismo modo, una postura que insinúe o pueda ser malinterpretada, no es aconsejable: mantenerse paralelamente respecto a un eje imaginario, una línea central que estructura la imagen, es lo ideal para dejar una buena impresión a la hora de tomarnos una selfie.

Debemos usar a nuestro favor la cámara para dejar una buena impresión: no habrá otra oportunidad de hacerlo, una vez que todos vean la selfie desafortunada. La postura corporal, así como los gestos y expresiones de nuestro rostro, nos ayudan a comunicar una imagen positiva: sonreír, mantener las manos a un costado o atrás, son formas de manifestar sumisión, empatía o de mostrarnos abiertos a los demás; por el contrario, tener las piernas o los brazos cruzados, fruncir el ceño o torcer la comisura de los labios hacia abajo, es como una gran equis o pulgar abajo para las mentes de quienes están viendo nuestra fotografía: recordemos que no hay marcha atrás una vez que se haya dejado una impronta de negatividad en los demás.

1- Gestos positivos

Mantener la espalda recta: proyecta seguridad, autoconfianza, optimismo, decisión y apertura hacia los demás.

Hombros erguidos: están en consonancia con la espalda, creando un ángulo similar a una T invertida. Es una postura de atención, energía, vitalidad, optimismo y actitud decidida y proactiva ante los demás.

Expresividad facial franca: nuestros gestos deben ser neutros. Una sonrisa ligeramente esbozada, puede ser una firma de empatía. De cualquier manera, si queremos transmitir apertura y positivismo, nuestros ojos deben estar fijos y las cejas neutras, es decir, deben permanecer simétricas y paralelas: no deben sugerir un gesto de pena o de sarcasmo al estar alzadas o juntas con el ceño fruncido, manifestando rabia o molestia.

Brazos abiertos: los brazos son una proyección de nuestro espacio corporal más inmediato. Al extenderse con las palmas hacia adelante, quieren marcar distancia o alejar a una amenaza; al cruzarse, están simbolizando una cerca para limitar nuestro espacio íntimo. Es importante mantener siempre atención a los gestos que hacemos con los brazos, pues el cerebro de los demás es perceptivo de forma inconsciente ante este elocuente gesto de nuestro lenguaje corporal.

Las emociones que comunicamos con nuestro lenguaje corporal en una selfie, son percibidas de manera instintiva por el cerebro de quienes observan la imagen.

2- Gestos negativos

Hombros cargados: al poner los hombros caídos, del mismo modo que si lleváramos una carga sobre ellos, generará en los demás una sensación agobiante, de intranquilidad y malestar. No es una señal corporal positiva.

Ceño fruncido: éste gesto es un indicador universal de apatía, disgusto o mal humor. Mantener el ceño fruncido durante una selfie, proyecta en el cerebro de los demás una sensación de rechazo y de oposición. Fruncir el ceño es indicador instintivo de que alguien está a punto de desatar una discusión o una confrontación.

Brazos y piernas cruzadas: la única herramienta natural de proyección de nuestro cuerpo son las extremidades. Cuando alguien tiene los brazos cruzados, está diciendo que no quiere que se acerque más, que nuestro espacio íntimo está restringido; del mismo modo, mantener las piernas cruzadas en una fotografía o selfie, demuestra que estamos cercando o limitando la proximidad de las personas.

Mentón levantado y proyectado hacia adelante: esta es una manera de comunicar corporalmente un reto o desafío. Es un típico gesto de bravuconería que asumen los machos alfas, pandilleros, criminales y hombres de carácter muy fuerte.

Mirada fija: para muchas especies animales, sostener la mirada es una forma de retar o de no ceder ante los otros. Cuando dos lobos mantienen fijas sus miradas mostrando sus dientes, es una señal de conflicto. Del mismo modo, fijar la mirada en la cámara, es un desafío que se lanza al observador. Es una forma de decir con los ojos: «¿Qué estás mirando?».

Esconder las manos: tratar de mantener las manos fuera del foco de la cámara o esconderlas de forma deliberada, es una muestra de que se quiere ocultar algo. Es un gesto que genera desconfianza en los otros. ¿Qué está intentando esconder? ¿Por qué no muestra las manos?, es lo primero que piensa alguien al ver la imagen.

D- La importancia del lenguaje corporal para hablar en publico

Uno de los secretos mejor guardados por los asesores de imagen de los políticos a nivel mundial, tiene qué ver con lo que dice su lenguaje corporal de ellos. Las actitudes y gestos inconscientes suelen salir a la luz, sobre todo en momentos en los que alguien se siente más vulnerable. Esto queda en evidencia durante los debates previos a una elección presidencial.

Los ratings televisivos y las redes sociales explotan cuando hay un gran debate previo a una última vuelta en las elecciones del país más poderoso el mundo. Los asesores de imagen alrededor del mundo, toman nota para no cometer los errores que cometen los políticos aspirantes al cargo de mayor poder en el planeta.

Cuando estamos hablando ante un público, nuestro cerebro sabe que está siendo visto desde todos los ángulos posibles. Esto hace que la tensión psicológica proyecte en nuestro cuerpo diferentes gestos que expresan que nos sentimos vulnerables. Cada gesto que se suma al resto, conforma una serie de rompecabezas, que tiene una semiótica particular en lo que se refiere al lenguaje corporal.

Impresionar por medio del lenguaje corporal, es crucial para lograr resultados óptimos a la hora de hablar en público. Los primeros segundos luego de que hacemos la aparición en un escenario, resultan capitales para conseguir ganarse el favor de las personas y captar su atención. Fuera del modo en que nos vestimos, el color y el diseño del traje, la forma de hablar, el tono y la modulación de nuestra voz, la apariencia física junto al lenguaje corporal, se encargan en gran medida de rubricar lo que se conoce como presencia escénica.

Los grandes actores lidian día a día con el conflicto psicológico que implica afrontar al público. También suelen ser maestros a la hora de hacer su entrada triunfal en escena. Hacen sentir su presencia por medio de la voz o llaman la atención de cualquier manera. Uno de los más grandes actores del siglo XX, Marlon Brando, durante el rodaje de El Padrino de Francis Ford Coppola, en 1972, se mostró displicente, arrogante y megalómano, como solía hacerlo siempre con la mayoría de compañeros de plató al grabar.

A pesar de que tenía un gran talento, Marlon Brando adolecía de un ego bastante frágil, por lo que se escudaba tras la máscara de artista provocador y altivo. ¿Cuál era la técnica de Marlon? A pesar de conocer perfectamente la novela de Mario Puzzo, El Padrino, haber estudiado el guion meticulosamente, no era muy bueno memorizando las líneas. Para decirlas, hacía que se pusieran a lo largo de los escenarios donde grababan, tarjetas con sus parlamentos, que los actores debían facilitarle para que Brando las viera y pudiera repetir su parte.

Para la mítica primera escena de El Padrino, para zanjar el asunto de su roce con el equipo, los actores y el director, Brando recurrió a su imponente presencia escénica para dominar la toma. Necesitaba dar la impresión de ser un hombre mayor que se hacía vulnerable, aunque tuviera un gran poder entre sus manos. Afinó la voz y usó gajos de naranjas que se puso entre los belfos de su labio inferior.

En ese momento tomó las riendas del personaje por medio de su gran capacidad de improvisación. Aunque es un monólogo en que apenas se escucha la voz de Brando interpretando a Vito Corleone, el patriarca de la familia de gansters italianos en Estados Unidos, todo el peso de la escena recae en Marlon Brando. Esa gran seguridad escénica la transmitía, como gran artista que era, al resto del equipo, que se sentían respaldados por aquel inmenso talento actoral.

De la misma manera que lo hace un gran actor al salir al escenario o un político cuando afronta la tarima durante un gigantesco mitin político, al dirigirnos a un auditorio es importante tener dominio absoluto de la mirada. Recorrer como si se tratara de una cámara todo el escenario con los ojos, sin detenernos en ningún punto en particular, es una forma subconsciente de demostrar dominio y seguridad. Los gestos de nerviosismo evidenciados en el movimiento de los pies o de ocultamiento de las manos, deben permanecer al margen de la mente en ese preciso instante.

Hay una serie de gestos que no se deben permitir durante una alocución, entrevista, intervención o disertación en público. Son indicadores de que nos encontramos presa del pánico en ese momento, siendo dominados por el aluvión de emociones que nos embargan.

1- Expresiones faciales prohibidas

- Expandir las fosas nasales de manera repetitiva y nerviosamente: significa que hay una gran cantidad de ansiedad.

- Respirar de manera agitada: rápida y resollando, quiere decir que estamos alterados.

- Mover los ojos: la boca o morderse los labios, proyecta una falta de autocontrol y naturaleza psicológica nerviosa.

- Piel enrojecida o sudorosa: significa que estamos atravesando un estado alterado, sin control de nuestras emociones.

- Tener el ceño fruncido: quiere decir que estamos molestos, con rabia o inquietos. Esto proyecta una naturaleza atrabiliaria y poco racional.

- Curvar los labios hacia abajo: significa que somos pesimistas, apocados y tenemos poca seguridad en nosotros mismos. Naturaleza emocional, sin control, angustiosa o con poca voluntad.

- Mirar fijamente: es un desafío, un reto directo y claro. Es una invitación a un enfrentamiento, sea dialéctico, verbal o incluso físico. Es importante no sostener la mirada, es decir, no tener un contacto visual demasiado franco y directo, pues podemos ser tomados por personas conflictivas y poco dadas al debate.

- Transpirar demasiado: refleja una naturaleza y ánimos anhelante y sin capacidad de espera. Trastorno de ansiedad.

- Barbilla hacia adentro: quiere decir que estamos intentando esconder nuestra boca para no participar. Cobardía. Falta de iniciativa. Deshonestidad. Proyección de poca confianza en sí mismo.

Toda esta serie de gestos o comportamientos negativos, están cerrándonos a los demás. Quieren decir que no estamos preparados mentalmente ni intelectualmente. Somos inmaduros. No sabemos gestionar las relaciones sociales. Podemos dar la impresión de infantilismo, falta de seriedad. Para el cerebro de quienes nos observan, esta serie de gestos son una señal de poca credibilidad.

En pocas palabras, cuando enviamos estas señales por medio de nuestro lenguaje corporal a un auditorio, grupo o colectivo, estamos cerrándoles la puerta en la cara. Son gestos de poca prudencia social, falta de educación, poca estructura mental e intelectual. Muy seguramente, la gran mayoría de los asistentes, abandonarán el lugar o permanecerán, aunque no prestarán atención a lo que tenemos que decirles porque hemos roto el pacto tácito de una clara y confiable comunicación corporal asertiva.

E- El engaño y los gestos corporales

Entramos en dos capítulos importantes dentro de la praxis propiamente dicha del lenguaje corporal. Se trata de detectar los engaños a través de los gestos del lenguaje corporal. El engaño es una estrategia biológica que permite conseguir algo por medio de la persuasión. Engañar será mucho más simple, en cuanto mayor capacidad de convencer al otro de algo tenemos. Aunque parezca algo sencillo, la persuasión para lograr el objetivo final del engaño, es algo que, exagerando un poco, se compararía a un arte.

En el mundo natural, algunas especies son expertas en el arte del engaño. Reptiles como el camaleón, han conseguido convertirse en sinónimo de astucia a la hora de confundirse con su entorno para despistar a los depredadores. Las células especializadas de su piel, le permiten a éste reptil tomar la misma tonalidad y matiz de la superficie en la que está detenido. Los pulpos también suelen confundirse o asumir la forma de animales marinos para despistar a sus depredadores, ganando la partida por medio del engaño.

En el caso de los seres humanos, las estrategias de engaño, aunque no tan espectaculares, pueden ser bastante impresionantes. Se pueden fingir diferentes actitudes a través de nuestro lenguaje corporal mediante el uso de técnicas:

1- Tomar aire profundamente

Aspirar aire profundamente es una manera de mantener el control activando todo el sistema parasimpático y oxigenando el cerebro, permitiendo que podamos tener mayor control de los pensamientos, pero, sobre todo, de nuestro lenguaje corporal. Al estar en una situación de tensión, nuestro corazón suele latir de una manera más rápida, lo que hace que la respiración se haga más entrecortada. Tomar aire y retenerlo, hace que las pulsaciones se atenúen, produciendo un estado de relajación completo. Esta es una de las formas más usuales que los grandes mentirosos para timar a los otros controlando su respiración.

2- Relajar los músculos de la cara

Uno de los síntomas más evidentes de tensión tiene qué ver con contraer los músculos de la cara. Al observar personas que están bajo una gran presión, se puede ver cómo la mayoría contraen los músculos de la cara, fruncen el ceño y arrugan los párpados. Para empezar a tener control, una de las técnicas más comunes es la relajación de los músculos de la cara. Es una expresión común entre los grandes apostadores, la conocida "cara de póker" (póker face), pues éstos jugadores suelen controlar a tal punto su lenguaje corporal, que mantienen una expresión de estatua durante la partida, para evitar dar a los oponentes cualquier indicio de que tienen el as bajo la manga o, por el contrario, están siendo esquilmados en el juego.

3- Mantener las cejas inexpresivas

El movimiento que hacemos de las cejas, es una forma de expresarnos elocuentemente, sin decir una sola palabra. En el transcurso de un evento social, es notorio ver cómo las cejas de los concurrentes se alzan cuando alguien comete algún tipo de exabrupto, por ejemplo, un episodio bochornoso de un invitado demasiado borracho para controlarse o alguien que derramó su vaso de vino sobre el traje de otra persona. Así que, al momento de engañar, es clave fijarse en las cejas de quien se sospecha está intentando mantener el control.

4- Sonrisas forzadas

La mayoría de nosotros nos hemos visto envueltos en un incidente embarazoso durante una reunión o evento. Para poder salir avante, un amplio porcentaje de personas evitan una confrontación con otra que no les simpatiza. La carta de salvación es la archiconocida sonrisa fingida. Alzar las comisuras de los labios y entrecerrar los ojos, es una manera diplomática de manifestar la intención de salir del paso de la manera más expedita posible, sacando el cuerpo a la confrontación directa con ese alguien al que no podemos digerir.

5- Sostener la cabeza entre las manos

La imagen del pensador de Rodin, la estatua con su cabeza sostenida por el puño, se ha convertido en un símbolo de reflexión, aunque también de ensimismamiento, tristeza y devastación psicológica. Mantener la cabeza acunada por ambas manos, puede ser una señal de agitación interna, de tristeza profunda y depresión. No hay que saber mucho de psicología para notar que alguien que tiene esa postura, está pasando por un mal momento.

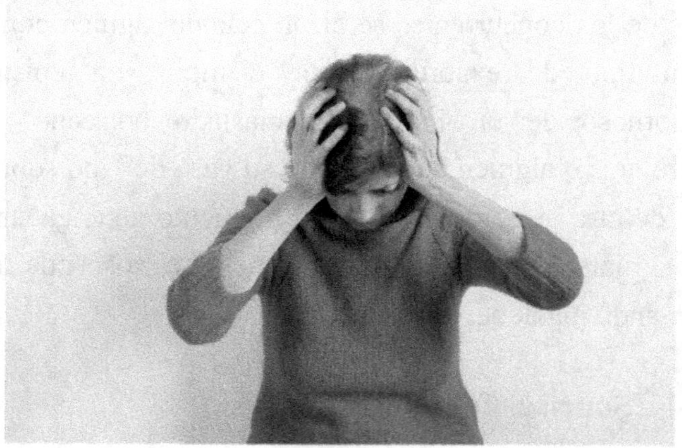

Sostener la cabeza entre las manos, es un gesto corporal que significa ensimismamiento, desolación, huida de la mente. Por lo general, quiere decir que esa persona está pasando por un momento de crisis y está buscando una salida a su situación.

6- Realizar movimientos ilustradores con las manos de manera exagerada

Por lo general, los gestos corporales manifiestan el engaño por medio de una serie de ilustradores, que son movimientos que pretenden, como su nombre lo indica, ilustrarnos algo. Es natural mover las manos mientras hablamos. Sin embargo, cuando este movimiento ilustrador es demasiado evidente, resulta claro que se está haciendo un esfuerzo para convencer o dar una apariencia de énfasis en el discurso. Al analizar discursos, conferencias, entrevistas o ruedas de prensa, se puede observar que el movimiento exagerado de los ilustradores hechos con las manos, suele ser más común en las personas que mienten o intentan engañar, que en las que no.

7- Intentar proteger el pecho o la cabeza con los brazos:

Un gesto inconsciente cuando alguien está intentando ocultarnos algo de manera verbal, también lo hace a través de sus extremidades, particularmente los brazos. Tratar de mantener oculto el pecho, es una manera no verbal de cuidarse el pellejo. Del mismo modo, intentar echarlos hacia atrás o dejarlos caer semejando indefensión, ilustra gráficamente la vulnerabilidad que se intenta dispersar por medio del discurso engañoso. Cuando alguien trata de mantener un engaño, debemos observar atentamente sus brazos, para ver de qué manera se mueven.

8- Mover las cejas o tensionarlas exageradamente

Los gestos que hacen las cejas, como cuando las arqueamos bajo tensión, significan que estamos perplejos por algo que nos ha sorprendido de manera negativa. Si éste gesto va acompañado de otros como evidente tensión en la expresión facial o mantener los labios demasiado apretados, es una muestra del lenguaje corporal, inequívoca de una gran carga negativa.

Arquear las cejas dejando caer la boca, es una muestra de que estamos perplejos o que hemos sido atrapados con las manos en la masa o al enterarnos de algo que desconocíamos por completo. Este gesto suele ser explícito en los timadores o estafadores cuando se les desvela una coartada. Aunque hay que tener presente que este tipo de personalidades suelen ser muy cínicas y han suprimido los mecanismos de represión o de vergüenza, así que resulta difícil detectarlos a la primera.

La asimetría en las cejas refleja una gran incertidumbre. Cuando las cejas permanecen en diferentes niveles, es decir, mientras la izquierda está arqueada hacia arriba, la otra está recta, es un gesto inequívoco de duda o profundo cuestionamiento interior.

9- Fruncir el entrecejo o la glabela

La parte que está justo encima de los ojos y la nariz, es el triángulo que abarca los ojos, las cejas y la frente. Si alguien mantiene la glabela fruncida durante mucho tiempo al hablar o accionar con sus manos, es casi cierto que hay un gran conflicto o problema. También, al confrontar a alguien que sospechamos está engañándonos, debemos observar su glabela con atención.

F- ¿Cómo detectar que alguien miente?

Un experto en engañar, suele ser muy gentil con sus gestos y sus palabras para ocultar sus verdaderas intenciones, cuando hemos puesto en bandeja de plata nuestra confianza entre sus manos.

Los expertos en detectar mentiras por medio del lenguaje corporal, suelen llevar años de experiencia para poder lograr saber cuándo alguien está mintiendo descaradamente. Infortunadamente, la mayoría de personas no tenemos la oportunidad de entrevistarnos diariamente con criminales sin escrúpulos para poder conseguir esta habilidad tan útil en la vida social. Sin embargo, podemos aprender a leer gestos y movimientos clásicos cuando alguien pretende mentirnos descaradamente.

En sus vidas cotidianas, las personas quieren mantener la seguridad en que no habrá cambios ellas, de forma radical o abrupta. Sin embargo, los sobresaltos en nuestras vidas suelen suceder, precisamente, cuando vienen a partir de las acciones de alguien que está engañándonos o pretende hacerlo. Ya sea la decisión de un poderoso o de alguien con quien compartimos trabajo, estudio o la vida íntima, la mentira tiene un poder de destrucción tal, que es capaz de destruir la vida en segundos.

¿Cuántas personas confiaron en algún momento su dinero, su patrimonio, su amor o su trabajo en otra en la que confiaban de manera ciega? Cuando un nuevo jefe que nos da mala espina, está haciendo una serie de despidos masivos y de repente nos llama en privado para decirnos con grandes muestras de confianza y casi hablándonos al oído, como lo haría un gran amigo, que no debemos preocuparnos y que seguiremos trabajando sin problemas, ¿debemos creerle?

Algo nos dice en lo profundo de nuestro cerebro, que aquellas palabras guardan un velo de engaño. No queremos convencernos de ello, pero algo en lo más hondo de nuestro ser —eso que algunos puedan llamar instinto—, nos dice que no andan bien las cosas. Es en ese momento en que los signos de su lenguaje corporal nos deben indicar si debemos confiar o no.

La forma más fácil de que seamos engañados es por medio de los gestos inconscientes; sin embargo, para poder detectar que en verdad hay un engaño, es posible hacerlo analizando detalladamente el complejo rompecabezas de la gestualidad humana.

Algo que resulta clave para saber si alguien nos miente o no, es conocer a esa persona. Al conocer cómo se comporta alguien, también conocemos exactamente su forma de ser. Desafortunadamente, no tenemos la oportunidad de conocer a todas las personas.

Tener un detector de mentiras es algo que resulta imposible, sin embargo, tenemos la oportunidad de observar los gestos, expresiones faciales, patrones del habla, etc.

1- Contacto visual

Pese a lo que se cree, alguien que nos está intentando engañar no siempre evitará mantener el contacto visual con nosotros. Por el contrario: intentarán establecerlo para, de ese modo, dar la impresión que está siendo completamente sincero y está abriéndose ante nosotros sin reparos. Los engañadores, manipuladores, estafadores y mentirosos compulsivos, suelen tener una poderosa mirada. Sus víctimas refieren, posteriormente, que resultaban tan atractivos, carismáticos y simpáticos, que no resultaba posible dejar de sentir confianza o empatía con esa persona que luego les produciría tanto daño.

La técnica de mantener la mirada fija es usada por los actores de método, así como por los psicópatas y personalidades de la triada oscura, para poder intimidar a su víctima. La mayoría de las personas no suelen sostener una mirada, pues es una manera de acosar por medio del lenguaje no verbal. De este modo, la personalidad más débil, termina por ceder ante la mirada del embaucador, quien, valiéndose de otros gestos, así como de un bombardeo de palabras lisonjeras, aduladoras y llenas de elogios, controlará la mente de esa persona.

Los ojos tienen un gran poder. Los mamíferos y primates cuando se sienten acechados en la profunda noche por las miradas de los depredadores que esperan a que bajen la guardia para atacarlos, sienten el más puro terror. Es normal que las miradas nos perturben, llevando nuestro corazón a latir desbocado en nuestro pecho.

Clavar la mirada fijamente en alguien que nos quiere embaucar, puede hacer que ceda también en sus ambiciones, si sabe que podremos desvelar sus planes. La confianza, aunque es un papel en blanco la mayoría de las veces en las relaciones personales, cuando se sella con el valor de la verdad, se convierte en algo que cimienta todas las instituciones que conocemos y demuestran la ética y el comportamiento moral de cada persona con la que nos relacionamos.

2- Gestos con los labios y la boca

Cuando alguien declara que está diciendo la verdad, entonces debemos analizar lo que hace con sus labios y su boca. Humedecer sus labios de manera exagerada, morderlos o esbozar risas nerviosas o fruncirlos de manera alternada, quieren decir que no se sienten del todo cómodos con lo que afirman. Tocarse los labios, directamente con sus dedos por medio de un pañuelo o servilleta, son signos de inquietud entre el discurso y lo que está pasando por la mente del engañador en ese preciso momento. Es un campo de batalla en que el embaucador intenta tomar el control sobre su víctima.

3- Microgestos

Las neuronas espejo que tenemos, nos permiten captar movimientos que nos generan empatía o rechazo. Cuando se está verbalizando, el cerebro humano tiende a repetir y a apropiarse de los gestos. Los expertos en lenguaje corporal que trabajan para las agencias de seguridad en Estados Unidos, suelen valerse de un relato para que un sospechoso muestre una evidencia que les ayude a esclarecer un caso. Esto puede parecer algo que no tiene mucho sentido, pero si entendemos la función que realizan las neuronas espejo, cambia totalmente la perspectiva.

El descubrimiento de las neuronas espejo se dio por casualidad, de la misma manera que se han dado grandes hallazgos en la ciencia. Mientras un investigador estudiaba los impulsos cerebrales de un primate, tomó un objeto y se percató que el cerebro del animal emitía una respuesta idéntica, es decir, como si estuviera tomando con sus manos también un objeto.

Cuando a alguien se le cuenta un relato, esta persona suele asumir el mismo rol del narrador de la historia. Esta es la razón por la que los investigadores, cuando quieren dar con una pista, urden una historia hipotética. Al observar los microgestos que realizan las personas investigadas, pueden darse cuenta, que estaban mintiendo respecto a lo que decían.

4- Muestras de ansiedad e inquietud

Si alguien teme ser descubierto en la mentira, esa persona tratará de hacer movimientos azarosos o sin ninguna relación con lo que sucede. Por ejemplo, moverá un elemento que tenga a mano o se tocará las manos repetidamente.

5- Movimientos incongruentes

No hallar coherencia cuando alguien está diciendo que no sabe algo, pero mueve la cabeza como si lo hiciera afirmativamente, este es un gesto clásico de desconexión, lo que para los expertos en lenguaje corporal constituye una inequívoca señal de que está mintiendo.

6- Tomarse mucho tiempo en afirmar algo

Cuando alguien intenta ocultar la verdad, evitará a toda costa declarar su afirmación cuando se le está indagando al respecto. Por lo general, quien evita decir la verdad, se negará a hacerlo, hasta el punto de dilatar lo mayor posible su declaración.

7- Cubrirse la boca o intentar ocultar sus ojos

Las personas que están mintiendo, casi siempre tienden a tratar de ocultar su boca o sus ojos, con las manos. Es un gesto que quiere impedir que las palabras las vea el interlocutor; del mismo modo, evita dejarse ver los ojos, por eso intenta obstaculizar la mirada inquisitiva usando sus manos como pantalla.

8- Guardar silencio

No decir nada durante un largo tiempo, es una señal que indica que esa persona no quiere verbalizar. Por tanto, está mintiendo.

9- Alterar los puntos de anclaje corporales

En el estudio de la psicología, los puntos de anclaje se refieren a los puntos de contacto respecto al sitio donde alguien se encuentra. Si alguien está sentado, el punto de anclaje respecto a la silla son sus pies en el suelo y en posición de ángulo de noventa grados; si está de pie o apoyado contra un muro, sus puntos de anclaje serán sus pies y los hombros en contacto con el muro. En el momento en que esa persona cambia o altera dichos puntos de anclaje, podría afirmarse, sin lugar a dudas que está mintiendo.

10-Falta de reflejo

Las personas naturalmente reflejan el comportamiento de otros con los que están interactuando como un medio para establecer una buena relación y demostrar interés. Este reflejo puede disminuir a medida que la persona que está relatando una historia, por ejemplo, se concentra en crear otra realidad para el oyente. De manera inconsciente, el que pretende engañarnos se alejará al escuchar ese relato en el que le estamos aludiendo, para de ese modo, tomar distancia de nosotros, y de esa manera, salir de la situación diplomáticamente.

11-Evadir la mirada

Otra señal que resulta siempre eficaz para detectar los engaños en otra persona es cuando evade nuestra mirada: si está viendo hacia el piso o hacia otro lado, mientras le estamos hablando, es una señal de que está mintiendo o no le interesa tener ningún tipo de interacción con nosotros.

CAPÍTULO 8: RESOLVIENDO CONFLICTOS SIN HABLAR

A- El comportamiento asertivo del cuerpo

Cuando el cuerpo habla, no hay lugar a dudas de que dice la verdad. Esa asertividad que tiene el lenguaje corporal, le otorga una ventaja respecto a la verbalidad. Intentar ser asertivo algunas veces cuesta trabajo; sin embargo, hacerlo a través del lenguaje del cuerpo, resulta mucho más persuasivo y menos forzado. La asertividad del lenguaje corporal depende de nuestra habilidad para poder transmitir confianza y seguridad en los demás, y que éstos, respondan de forma positiva a ese tipo de comunicación no verbal.

Como cualquier habilidad, se requiere tiempo y práctica para conseguirla. No se puede amanecer con la experiencia, las técnicas y el conocimiento necesario que se necesita para saber de qué manera persuadir y mantener siempre en las interacciones sociales, una conducta asertiva con el cuerpo.

La estructura del aprendizaje es esencialmente dinámica. ¿Qué significa esta afirmación? Básicamente, que existe un conflicto dialéctico entre dos factores: ignorancia y conocimiento. La brecha que hay entre ambos, constituye un proceso racional de nuestra voluntad y cognición.

1- Ignoramos de manera inconsciente

Esto significa que la mayoría de las veces ignoramos que no sabemos algo. Esto es una tautología que nos lleva a declarar que no sé. Antes de que existiera Internet, adquirir conocimiento era un asunto mucho más complejo que ahora. Era necesario ir a una biblioteca y explorarla hasta descubrir los temas y los volúmenes que los desarrollaban.

Ahora, ignorar que ignoramos es un estado común y nadie se hace esa pregunta de manera angustiosa. Cuando se entra en una página web o un canal de videos y nos damos cuenta de las lagunas que teníamos en un tema determinado, del que ignorábamos que éramos ignorantes, se da un proceso que nos lleva a un segundo predicamento.

2- Ignorancia con consciencia

Conociendo que tenemos la necesidad de llenar los huecos que tenemos en nuestro conocimiento, entonces, tomamos la decisión de llenarlos, de manera consciente: «No sabía que existía esto; ahora, quiero aprender más». Empieza entonces un proceso que nos lleva a adquirir los elementos necesarios para suplir esas lagunas intelectuales: ver un video, adquirir un ejemplar, hacer un taller o un curso, entrar a un grupo de personas con intereses similares sobre el tema que nos ha empezado a interesar, etc.

3- Conocimiento con consciencia

Una vez que empezamos a aprehender el conocimiento de forma coherente, hemos empezado a adquirir la consciencia de éste, propiamente dicha. Ya somos capaces de transmitir lo que hemos ido conociendo hasta éste punto. Las técnicas y prácticas elementales de dichos conocimientos, las podemos aplicar poco a poco, en la vida cotidiana.

4- Conocimiento sin consciencia

Ésta es la última etapa. Ya todo lo que hemos aprendido y aprehendido, lo asimilamos en nuestra vida cotidiana. Hacemos lo que hemos conocido, de manera casi automática. Del mismo modo que aprendimos a caminar, a ir en bicicleta, a conducir, a hablar, leer y escribir en una lengua extranjera, así nuestra mente se ha ido moldeando a nuestros nuevos conocimientos.

De la misma manera, el lenguaje corporal y sus claves, las vamos aprendiendo hasta el punto de que podemos gestionar nuestra vida de acuerdo al conocimiento adquirido. Será posible conocer el estado anímico de quienes nos rodean, y de ese modo, aprender a resolver y gestionar de una mejor manera los conflictos que surgen en la vida cotidiana.

Supongamos que hemos llegado una reunión de trabajo, un lunes de lluvia intensa. Son las ocho de la mañana. En la sala de juntas hacemos un paneo por las caras y los rostros que están allí. Algunos tienen el ceño fruncido; otros están de brazos cruzados; el resto, no atienden a nada: permanecen ensimismados en la pantalla de su teléfono celular. ¿Qué dicen estos gestos y actitudes a los que están reunidos allí, incluyendo a los jefes? Probablemente nada. Es normal, piensan. Es lunes a las ocho de la mañana y está cayendo un diluvio. Pero ya que tú tienes el conocimiento sobre el lenguaje corporal, ¿qué puedes sacar de las diferentes actitudes que ves reflejadas en el lenguaje corporal de tus compañeros? No quieren saber nada sobre lo que les rodea. Están apáticos. Seguramente cualquier palabra que se diga durante esa reunión, no tendrá el menor impacto sobre ellos, pues están en completa desconexión con el entorno.

Algunos altos ejecutivos de corporaciones prefieren citar al grupo en un lugar diferente a la hostil y gris oficina:

Sigue siendo el mismo lunes lluvioso en la mañana. Sin embargo, la reunión no se realiza en la oficina, sino que el personal ha sido citado en un lujoso hotel. Todos llegan radiantes, elegantes. Los rostros están atentos y expectantes. ¿Qué pasará? ¿Qué nos va a decir el jefe en un lugar tan suntuoso como éste hotel? Las miradas están fijas en la sobriedad del lugar. Todos parecen deslumbrados. Cuando llega el alto ejecutivo, todos están atentos a su expresión y cada palabra que dice. Se pueden ver las manos de todos están puestas sobre la mesa, con los dedos entrelazados y las miradas fijas en la expresión del presidente y los altos directivos.

El conocimiento del lenguaje corporal nos puede hacer ver las cosas desde una perspectiva completamente diferente. Vemos las cosas desde una faz diferente. Antes no sabíamos cuándo alguien estaba mintiéndonos, trataba de engañarnos o hacía falsas promesas solo para obtener de nosotros un beneficio. Ahora es diferente: con solo mirar sus microgestos, su postura, ver cómo mueve las manos y la forma en que cruza las piernas, sabemos que algo no está bien.

La asertividad en el lenguaje corporal, empieza por entender y conocer el cuerpo. Sabemos la razón por la que alguien pone su cara en su barbilla, oculta una mano con otra, alza las cejas alternativamente o parece hacer una risa sutil con sus labios mientras estamos hablándole. Tomar control de la gestualidad, usando el espejo o la cámara de nuestro teléfono celular, nos puede dar un gran poder. Si usamos estas herramientas a nuestro favor, tendremos una gran ventaja.

Para empezar a ser asertivos en términos de lenguaje corporal, implica identificar claramente, actitudes, pensamientos y conductas a través de los gestos que los otros (incluso nosotros mismos) realizan con el cuerpo, para de ese modo, tomar la mejor decisión a la hora de resolver un conflicto que se empieza a gestar.

5- Detectar pensamientos poco asertivos

Los gestos corporales como la cabeza hundida y los hombros hacia arriba, son la manifestación clara del síndrome del avestruz. El comportamiento inseguro se manifiesta de muchas otras formas, como ocultar las manos, caminar de forma indecisa con pequeños pasos cortos, arrastrando los pies (como sin saber hacia dónde se quiere ir)

- No tengo la capacidad para ser un gran conferencista. Tengo temor a hablar en público. Quiero esconderme como un avestruz, metiendo mi cabeza en un hoyo hasta que termine esto.

- Soy incapaz de entablar una charla con cualquier persona. Soy demasiado tímido. No me considero atractivo. Soy muy bajo. No tengo un buen tono de voz. Quiero huir en reuniones sociales.

- Creo que no tengo la capacidad de liderar. Soy introvertido. No sirvo para dar órdenes. No me gusta decirles a los demás lo que tienen qué hacer. Prefiero mantenerme al margen y hacer lo que me digan para terminar mi trabajo lo más rápido posible y así poder irme a casa donde me siento seguro en mi zona de confort.

- Me gusta estar solo conmigo mismo. No me integro. Prefiero estar por ahí en los descansos, con mis auriculares escuchando música o viendo mis páginas favoritas, mientras camino con las manos dentro de los bolsillos, porque tengo mucho frío siempre en mis manos. Además, que son bastante feas y no me gusta que los demás las vean.

6- Detectar emociones poco asertivas

Ocular la cara entre las manos, mirar siempre hacia abajo o hacia un punto fijo, pero nunca a los ojos del interlocutor. Tener las comisuras de los labios hacia abajo. Rascarse la cabeza o tener la espalda encorvada. Todos estos son signos de emociones destructivas como apocamiento y falta de voluntad.

- No deseo tener conflictos con nadie. Quiero pasar desapercibido. Si trato de ocultar mi rostro, así nadie me va a notar. Puedo estar a salvo de que tenga que pasar al frente o hablar delante de todos. No podría hacerlo, soy totalmente incapaz.

- No alzo mi cabeza, porque me siento cansado. Me pesa mucho. Prefiero mantener la vista caída, con mi espalda pesada. Estoy agobiado. Cansado. No tengo ánimos para hacer nada hoy. Ni siquiera alzar la vista cuando viene alguien a preguntarme algo.

7- Reconocer hábitos poco asertivos

Dejadez, negligencia, pereza y falta de ánimo. El lenguaje corporal habla de esto. La forma en que nos vestimos, peinamos o usamos un corte de cabello, puede decir mucho de nosotros.

- Prefiero usar esta camiseta pues nunca aprendí a hacer el nudo de una corbata. Además, las camisas con cuello, me molestan. Me siento más cómodo usando estas viejas camisetas deportivas o con estampados de mi banda de rock favorita, aunque me digan que no es muy adecuada para el trabajo que tengo.

- No soy capaz de asumir esa responsabilidad. Además, el trabajo queda muy lejos de mi casa. Prefiero mantenerme con este poco sueldo que gano a arriesgarme a poder ascender y ganar mucho mejor.

- Odio el deporte y la actividad física. No me gusta sudar mucho y oler mal. Aunque sé que estoy pasado de peso, me gusta más la comida que hacer sacrificios, bajando de peso apuntándome a un gimnasio o comprando una bici para hacer más ejercicio. El médico me dijo que, si no bajaba de peso, podría tener complicaciones de salud. Tengo mucho miedo a una cirugía. Mejor me quedo como estoy.

Ocultar el rostro tras las manos es un gesto que indica poca voluntad, baja energía, debilidad de carácter y falta de iniciativa. Es una actitud que genera poca confianza. Las manos hacen las veces de una cerca o muro, tras el que se intenta esconder el rostro y la mirada.

Leer los gestos y actitudes en el lenguaje corporal, propio y ajeno, es una habilidad que lleva tiempo y práctica. Si sabemos lo que quiere decir cada uno, entonces sabremos exactamente qué podemos esperar de esa interacción. Aunque parezca algo mágico o sobrenatural, los grandes expertos en primatología, psicología y lenguaje corporal, saben lo que alguien está diciendo entre líneas, con solo observar su manera de moverse, expresarse, hablar, o incluso, aunque esté sentado aparentemente inmóvil, el cuerpo humano siempre está intentando decir algo.

B- La resolución de conflictos por medio del lenguaje corporal

A la hora de resolver conflictos, el lenguaje corporal es un arma altamente efectiva. Sobre todo, la interacción social cuando hay una hostilidad entre dos individuos, se centra en el tronco superior y la cabeza: los ojos, la gestualidad, las manos y los brazos. Es lo que observamos primero, ya que nuestro cerebro mamífero se conecta con los otros por medio de los ojos y las expresiones del rostro. Por lo general, cuando hay una tensión entre dos animales, al principio, se yerguen en la extensión de su cuerpo, mirando a su contendor desde arriba, con el mentón y el pecho proyectado hacia afuera; luego, cuando se pasa a la confrontación propiamente dicha, las miradas están bajas, observando un plano general de las piernas y los brazos para evadir o contrarrestar así un ataque.

Nuestro cerebro cortical, ha hecho que avancemos por encima de este estadio bestial y negociemos por medio de la persuasión a través de la semiótica de nuestro lenguaje corporal, en lugar de usar la fuerza bruta y la violencia. Es usual que dos personas que tienen una desavenencia o conflicto, se midan viéndose de arriba abajo. Este es el primer estadio de la negociación, que puede verse claramente al presenciar una disputa judicial en las cortes. La gestualidad es la única herramienta en muchos escenarios posibles de nuestra sociedad actual.

El salto de la violencia tribal a la resolución de conflictos de poderes, se dio en el momento en que, como dice Desmond Morris en su obra El Mono desnudo, nuestros ancestros primates salieron de los bosques y decidieron convertirse en una asociación de cazadores que usaban para bien común su astucia y su inteligencia, en lugar de ser líderes solitarios para detentar su poder sobre un grupo, sin otro beneficio que la sumisión por alimentación, territorio y sexo.

El gregarismo que trajo consigo la institución de la sociedad sedentaria, creó un instinto de cooperación entre los miembros. Para cazar un ejemplar de suficiente tamaño que alcanzara a satisfacer las necesidades de un grupo grande, era necesario contar con un consenso. En la medida en que había mejores piezas de caza, las crías crecían mucho más saludables y con un mejor cerebro, que, al crecer, les permitían tener la inteligencia necesaria para poder sobrevivir en un entorno marcadamente hostil.

La tiranía de los primates irracionales, con un líder supremo que por medio de la violencia y la brutalidad dirimía los asuntos internos, aunque no era ideal, seguía siendo necesaria. La jerarquía de los más sabios, expertos y con mayor edad, se hizo necesaria para mantener la subsistencia del grupo. Al momento de salir de caza, era el punto de mayor complejidad, puesto que tenían que cubrirse las espaldas y reaccionar para evitar que cualquiera de los cazadores sucumbiera ante los predadores que esperaban su parte en la pirámide nutricional de aquellos tiempos difíciles. Por tanto, era necesaria una autoridad férrea, pero compasiva en cierto modo.

Al momento de la disputa, el organismo primate cuenta con dos dispositivos esenciales: el sistema simpático y el sistema parasimpático. A cada uno le corresponde una función determinada. El sistema simpático, está preparado para la lucha, desenvainando la espada para enfrentarse a su adversario. La adrenalina corre por las venas cuando el sistema simpático lanza una alerta de confrontación: "vamos, a la batalla. Adelante", parece decir al oído. Mientras tanto, el sistema parasimpático: "conserva tus fuerzas, respira. Calma y toma una decisión adecuada", susurra.

Cuando hay una confrontación inminente, el aparato circulatorio bombea sangre a todos los rincones del cuerpo, la respiración de hace más agitada, la cara se pone roja y las venas se dilatan. Todos los procesos del cuerpo se ponen en pausa para dar paso a la "sangre caliente": es el estado del cerebro reptiliano por antonomasia. El cuerpo está listo para combatir.

1- Las principales expresiones faciales que se ven en este estado son

- Patrones de respiración con gran agitación; el cerebro necesita oxígeno para poder pelear.
- Las pupilas están dilatadas
- La mandíbula se aprieta para evitar ser quebrada por los golpes.

- La piel está enrojecida y caliente, en virtud de la gran cantidad de sangre que circula.

Para negociar, es preciso tener presente estos signos, pues nos van a permitir determinar hasta dónde podemos llegar, es decir, si hay una voluntad de negociar o hay que esperar hasta que los ánimos se calmen.

2- Algunas expresiones faciales que nos indican que no es el momento para negociar

- El ceño está marcadamente fruncido.
- Las fosas nasales están ensanchadas y las aletas nasales se dilatan y contraen.
- Los labios están pegados, apretados.
- La mirada es fija.
- Las cejas están bajas, casi al nivel de los ojos.
- Pecho y mentón, proyectados hacia afuera.

Aquí no hay mucho por hacer, pues la mente no está escuchando nada; simplemente, el cuerpo está dispuesto a ir a la lucha, quiere confrontación. Tenemos que mantenernos serenos, racionales y evitar caer en la tentación de ir a una discusión que termine en una pelea inminente. Es preferible retomar luego la negociación si vemos que estos signos permanecen.

Al momento de empezar a negociar, es bueno fijarse, de nuevo, en lo que dice el cuerpo. Una vez que ha descendido en flujo de sangre, la hiperventilación y los gestos agresivos, entonces, es porque el sistema parasimpático ha tomado el control de nuevo. En ese momento, se puede empezar a negociar, pues el cerebro está bajo un flujo de sangre normal, así como la tensión muscular y de los gestos de la cara, han cedido.

3- Expresiones faciales positivas

- No hay arrugas en la frente. Es inexpresiva o calmada.
- La piel no está enrojecida, ni con gotas de sudor.
- Mirada franca pero relajada. Cejas a nivel normal, paralela a las líneas de expresión de la frente.
- Boca relajada, sin estar tensa.
- Mandíbula sin tensión en los músculos maxilares.
- La cabeza está al mismo nivel del interlocutor y no se proyecta el mentón hacia adelante.

En el momento en que estamos ante estas expresiones, es un momento en que hay una disposición del córtex cerebral a negociar racionalmente. Cuando hay una negociación exitosa, estos gestos son capitales, pues muestran una apertura anímica hacia el otro. Es aconsejable, por esa razón, al momento de hacer una negociación o conciliación entre dos personas que tienen un conflicto latente, realizar la reunión en un lugar que sea más distendido: el cerebro no debe tener la impresión que está siendo encerrado o puesto entre la espada y la pared (por ejemplo, en una estancia demasiado pequeña donde se vean cara a cara y apenas puedan respirar). Un lugar abierto, preferiblemente con corriente de aire y una vista agradable como una terraza o un restaurante a campo abierto, es mucho más persuasivo.

Los movimientos que reflejen ansiedad, tensión y nerviosismo como respiraciones cortas y superficiales, mirada agachada, tamborileo o entrelazamiento de dedos, tocarse mucho, mirar hacia otro lado, cruce de brazos y piernas o golpes de los pies en el suelo, son indicadores de que hay que dejar que se distienda el ambiente. Cuando estemos ante estos gestos, hay que hacer una pausa y esperar que el ánimo del otro se relaje de nuevo. Intentar negociar bajo este estado mental, es una pérdida de nuestro esfuerzo. Tenemos que usar los reflejos de las neuronas espejo a través de comportamientos que reflejen relajación y tranquilidad:

- Respiración lenta y profunda
- Manos quietas, a la vista y a la altura del pecho
- Mostrar las palmas de las manos y no cruzar los brazos
- Permanecer atento con la mirada franca pero no agresiva
- Asentir con la cabez

C- Háptica, el poder del tacto físico

La háptica se relaciona con el tacto y la forma en que nos comunicamos con este. En el comportamiento no verbal, la manera de tocar transmite emociones al otro. Un suave roce o toque en el brazo, puede transmitir muchas sensaciones; tiene un matiz totalmente diferente a un apretón de las manos. No todos los toques son iguales; cada toque —dependiendo del tiempo, intensidad y ubicación en el cuerpo— está cargado de significados.

Sobre el poder de la háptica, el contacto físico entre seres humanos, se ha escrito mucho. Autores como Elías Cannetti afirman, que uno de los mayores temores de nuestra especie, y de la mayoría de animales salvajes también, tiene qué ver con el rechazo a ser tocados. Al ser tocados, estamos siendo vulnerables al otro. No sabemos qué intenciones puede tener y para qué nos toca. En la antigüedad, el uso de prendas como los chalecos hechos de metal o de cuero, eran, extensiones de una barrera que se llevaba. En la Edad Media, el uso de cotas de malla y armaduras, pretendían mantener lo más lejos posible los efectos de las armas, tales como las espadas o las flechas, de la piel.

Desde el origen de nuestros días, el tacto ha estado determinado por la confianza que tenemos en alguien. Los únicos que tocan al bebé, fuera de los médicos y enfermeras, son los padres, pero, sobre todo, la madre. Es posible que sea la háptica el primer método de comunicación que tengamos. Con solo tocar a alguien, sabemos cómo es, quién es; si sus manos son agrestes, secas, pensamos que tiene un trabajo como artesano o trabajador de la construcción; en caso contrario, que es artista, empresario, modelo o ejecutivo de bolsa.

Tocar al otro o permitir que nos toque, es un privilegio que no se da a cualquier desconocido. El valor intrínseco de la afectividad, está relacionado directamente con la permisibilidad al tacto, los besos, los abrazos y otros gestos propios del espacio íntimo. No existe nada más incómodo, en la vida moderna, que estar rodeado de desconocidos en un autobús, un metro o en cualquier otro lugar. Nadie es más vulnerable que en un lugar de gran aglomeración de gentes como un concierto, un estadio o en una manifestación por las calles.

Uno de los más importantes filósofos franceses, Maurice Merleau-Ponty, acuñó el término intercorporietè (intercorporialidad), para referirse a la experiencia compartida de la interacción corporal que determina algunas acciones del ser social[6]. Tocar y ser tocado, no es solamente una experiencia biológica, sino también, esencialmente comunicativa, dado que en un simple gesto como tocar a alguien con la punta del dedo, puede ser tomado de forma ambigua, tanto de forma positiva como negativa.

Tal como hacen los bonobos, aunque dejando de lado el sesgo eminentemente sexual, las sociedades humanas se han gestado a través de los mecanismos de la comunicación háptica. Incluso en las altas esferas del poder político, donde tocar puede ser interpretado de diferentes maneras, hay gestos amables que se representan por medio de un ligero toque o abrazos a medias.

Entre las culturas primitivas africanas, la háptica es esencial para determinar los roles y hacer que exista una dinámica social: muchas tribus suelen usar el tacto, el roce y el apretar las manos como elementos complementarios de su lenguaje verbal, que usan para establecer o pactar diferentes tipos de relaciones como transacciones comerciales o dar el visto bueno a cualquier otro pacto

---

[6] Intercorporeality: Emerging Socialities in Interaction. by Christian Meyer (Editor), Jürgen Streeck (Editor), J. Scott Jordan (Editor) pp 73.

derivado de la palabra rubricado por medio de la proximidad y el contacto.

Esta obsesión humana por la háptica y su poder, es una derivación de la conducta de los primates. A través del tacto, los primates saben reconocer en los grupos las jerarquías, así como llevan a cabo sus primeros escarceos sexuales, ensayos de negociación, fortaleciendo así la interacción social entre los miembros.

Por medio del toque de los labios y la boca de los otros, los primates se proveen de interacciones recíprocas sociales, que, a la larga, permiten establecer lazos, crear alianzas y practicar futuros comportamientos de cooperación. De no ser por el legado primate que llevamos en nuestra genética, la civilización actual que tenemos, con instituciones y entes estatales que organizan todo, probablemente no existiríamos.

Aunque nuestro cerebro cortical es racional y quiere dejar de lado las emociones, nuestros mecanismos de supervivencia necesitan el tacto: es un gesto no verbal que da confianza, seguridad y permite crear un vínculo social mucho más estrecho que la pura interacción verbal.

CONCLUSIÓN

Habiendo visto todas y cada una de las distintas maneras en que el cuerpo se manifiesta, sin usar la verbalidad, que es nuestra forma más usual de comunicarnos, podemos entender de manera mucho más clara el por qué solemos entrar en conflictos en nuestra interacción social, al mismo tiempo que entendemos cuál es la mejor manera de solventar las disputas derivadas de la amplia semiótica del lenguaje corporal. La complejidad del lenguaje corporal ha hecho que sea cada vez más usual recurrir a las viejas estrategias, que los primates usaban y siguen usando, desde hace decenas de miles de años, para dirimir asuntos que oscilan, desde algo tan baladí como una discusión amorosa, hasta la resolución de un conflicto de orden geopolítico.

A pesar de que usamos constantemente nuestro lenguaje como un código complejo y lleno de ambigüedades, eufemismos y fórmulas para expresar de diferentes maneras nuestro pensamiento, no tomamos suficiente conciencia de las implicaciones del lenguaje corporal en la cotidianidad. En la actualidad, la aparición de la Internet, ha llevado a millones de personas, sin importar su cultura ni su lengua, a hacer uso del silencioso, a la vez que poderoso, lenguaje corporal.

Millones de fotos y videos pueblan las páginas de los buscadores de Internet, así como de las principales plataformas de redes sociales, con el fin de intentar buscar validación y aprobación por parte de otras personas. Un aluvión de influenciadores y creadores de contenido, ganan millones de dólares en visitas, recibiendo comentarios y moviendo a reaccionar a los espectadores que los observan. Algunos de los videos más vistos en Internet, son simples: animales comiendo, jugando o personas interactuando para ver la reacción que tienen las otras ante una cámara escondida, una broma o un reto.

¿Por qué razón, un gesto elemental tiene tanta aceptación y no cualquier otra cosa que se publica en redes sociales?

Nuestra respuesta, quizás se deba a las reacciones de nuestro cerebro primate. Nos divierte ver una expresión auténtica de rabia, risa o indignación reflejada en el rostro de los demás. El mecanismo de las neuronas espejo, que nos hace reaccionar con una emoción, está interconectado a la manera en que nos movemos, agitamos las manos y los brazos o la forma en que corremos.

El lenguaje corporal rige todas y cada una de las acciones, conscientes o no, que hacemos a lo largo del día. Estamos sometidos al dictamen de nuestros gestos, del movimiento de nuestro cuerpo, de la distancia que tomamos, de la forma en que miramos o de la manera en que nos sentamos durante una reunión, en la iglesia o en el trabajo.

Aunque estemos dormidos, totalmente ausentes del mundo y sus complejidades, nuestro cuerpo sigue hablando a través de nosotros por medio del lenguaje corporal.

BIBLIOGRAFÍA SELECTA

- La gran guía del lenguaje no verbal. Paidós. Teresa Baró.

- Lenguaje no verbal para Dummies. Elizabeth Kuhnke

- El lenguaje del cuerpo. Allan y Barbara Please

- El cuerpo habla. Joe Navarro.

- Diccionario del lenguaje no verbal. Joe Navarro.

- —Cómo analizar a las personas. Robert Leary.

- Body Language Learn how to read others and communicate with confidence. Elizabeth Kuhnke

- La comunicación no verbal. Alianza Editorial. Flora Davis.

- El mono que llevamos dentro. Frans de Waal.

- El mono desnudo. Desmond Morris.

www.ingramcontent.com/pod-product-compliance
Lightning Source LLC
Chambersburg PA
CBHW071952150726
47999CB00001B/421